宗教
超圖解

100 張圖
秒懂世界信仰文明與
神祇知識

前言

　　本書為了讓每位讀者都能輕鬆了解世界主要宗教的本質，特地以簡單扼要的解說，搭配節奏明快的圖像加以說明。

　　宗教與圖像（image）本就有著密不可分的關係，一直以來，前者都將後者視為某種「象徵與寄託」，透過圖像不但能具體展現出信仰的輪廓，還可以幫助信徒在生活中更容易融入教義，同時順利進行各種儀式與章程。

　　而除了用於和信徒溝通，與宗教相關的各種圖像，也帶來了許多神學上值得探索的有趣思考。

　　比方說，對亞伯拉罕一神諸教而言（意指將亞伯拉罕奉為「信仰之父」的一神教體系，包括猶太教、基督教、伊斯蘭教），基本教義皆強調著神的「唯一性」與「超越性」，因此相當排斥將「天上之神」化為具體的偶像，認為這會損及神的威嚴，甚至視同一種褻瀆。

　　但另一方面，《聖經》與《聖訓》（al-ḥadīth，伊斯蘭教先知穆罕默德的言行錄）則都告訴信徒「人是按照神的形象所造的」，這麼一來，是否代表神對「自己的形象被具象化」這件事是坦然以對的呢？

　　與此同時，圖像在宗教中也的確具有越來越強大的象徵意義。它們不僅僅是用來傳達信息的工具，還逐漸擁有了一定的生命力和影響力，可以在人們心中留下深刻的印象。但這種「生命力」卻也讓圖像變得不受控制，因為它們在某些情況下可能會被曲解、濫用或引起爭議，對原本的信仰產生不利的影響。而本書就是在甘冒這樣的風險下所構思產生的。

在宗教只會因為負面消息才出現在新聞上的今時今日，想要好好地認識宗教，就必須謝絕那些標榜「無庸置疑」的常識或解說，甚至不能只依賴現代哲學之父笛卡兒所重視的「明顯而清晰的觀念」，而要用更開放包容的胸襟廣納百川，才能確實觀察各宗教的異同。

換言之，在宗教這個充滿大大小小謎團的領域裡，我們不能屈服於那些只想將宗教視為諷刺與取笑對象的媚俗誘惑，而是要勇於航行於現實的邊緣，尋找一切可能答案的所在。

最後警告：本書所收錄的內容，全是耗費大量時間嚴選與編整才得出的成果。主要介紹的幾個宗教，都是具有明確定義，且目前仍擁有許多信徒的。全世界的宗教多如繁星，相關的研究也是浩瀚無邊際，要想全部囊括是不可能的，而且，若要從學術的角度漫長且嚴謹地講述宗教，往往也只會讓人覺得挫折或沮喪而已。

但願本書能滿足各位讀者的期待，並在文字及圖片的陪伴下，得以沉浸在無窮無盡的發現與喜悅，直到永遠……

目 錄 CONTENTS

最初的神是誰？

　　「神是在何時誕生於世的？」——這個問題之所以難以回答，主要有兩個原因。首先，出現在人類歷史的眾多宗教之中，神常常是以複數的形態同時出現的，所以也無從判斷「誰」才是最初的神。其次，不管是在過去還是現在，也不管是在地球哪個角落的神祇，都有「創造了世界萬物」這個共通之處，換句話說，在各宗教的信徒心目中，世界（與萬物）是由神所造的，所以思考神何時「在這個世界誕生」，毫無邏輯可言。

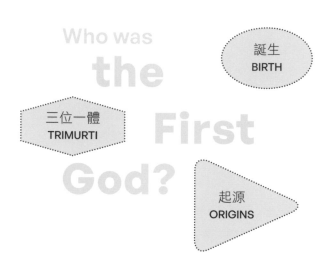

Who was the First God?

誕生 BIRTH

三位一體 TRIMURTI

起源 ORIGINS

　　既然如此，那就讓我們換個問法，從不同的角度思考吧！——人類到底是從什麼時候開始相信神（或眾神）的呢？

　　根據歷史學家與考古學家的說法，遠古人類曾經有段無法明確區分「世俗」與「神聖」的時期，且這段時期長達數千年之久。之所以會如此，是因為當時的人類與各種自然現象（溫暖的太陽、盈滿的月光、強勁的風、大海的力量、火山爆發、泉水的噴發、流水、男女的生殖繁衍……）以及野生動物（例如留存於西班牙阿爾塔米拉洞穴的野鹿塗鴉）共生共存，所以自然而然地接受了這些存在，不會覺得有什麼特別神聖之處。但另一方面，大自然無法掌控，同時卻是萬物生靈不可或缺的一部分，可能也讓當時的人類漸漸察覺到所處世界的多樣與神祕，並開始「感應」到神靈的存在。

到了距今十萬年前，人類歷史首次出現了土埋或火葬死者的記錄，這似乎暗示著當時的人類已經認為除了眼前這個世界之外，還有「另一個世界」平行存在。他們甚至會圍在去世的故人身旁跳舞，陪伴逝者前往彼世，法國南部阿爾代什省肖維（Chauvet）岩洞的地面上，還留有西元前二萬三千年左右的腳印，足以印證此事。

✣ 最初之神的名字是？

那麼人類是在何時確定自己的隱約感受，心中的疑問又是在何時變成信仰呢？這是個非常微妙又複雜的問題。

在思考這個問題的時候，我們唯一能做的事情，就是找出原本仍屬模糊的神靈概念，是在何時被人們奉為明確的神祇，以幫助我們標示出確切的轉變時間點。

最簡單的評估基準就是「名字」，因為一旦有了名字，就代表神明從混沌不明的精神世界正式「現身」了。因此，我們要問的問題不是「最初的神是誰？」，而應該是「第一個出現的神之名是什麼？」

遠古人類用來稱呼最初的神明，以及用來指涉超自然存在的一連串發音組合會是什麼呢？那個為了能代代流存，先是口耳相傳，後來又被刻在石頭、木頭、金屬、獸皮或莎草紙上，以避免遺忘的名字到底是什麼呢？會是「密藍吉」（Mlengi），位於馬拉威的柴瓦族（Chewa）創造神嗎？還是「瑪露」（Marlu），澳洲原住民的太古巨大袋鼠祖先呢？或者是「因卡尼昂巴」（Inkanyamba），出沒在南非穆邊塔爾山（Mpendle）山頂，擁有羚羊頭的大蛇？抑或是聖經裡非利士人的守護神「大袞」（Dagon）？

遺憾的是，直到現在，我們依然無法斷言上述哪一個才是最初的神之名。

人類埋葬死者之始

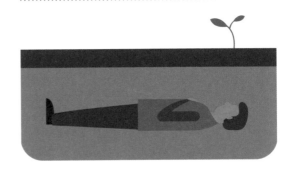

西元前 10 萬年

智人（Homo sapiens）在這個時期開始埋葬死者。雖然無法就此證實當時的人類已經開始思考生死或命運這類形而上的大哉問，更談不上宗教層面的意識，卻可推斷出他們已經開始能理解抽象的概念。

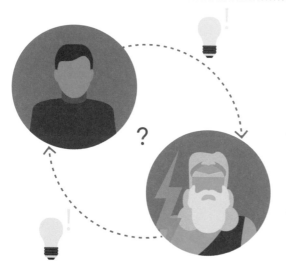

「每個人都告訴我，讓我們知曉所有人類價值的是基督教，但我要反問的是，是誰要我們相信基督教這些教義的？是別的宗教嗎？」

《宗教論》（Propos sur la religion），
艾倫（Alain）著，1938 年

✦ 推測宗教誕生的時代

為了回答前面所提出的問題（人類是從何時相信神或眾神的？）讓我們先從幾個現行的主要宗教來一探究竟——當然，我們不會排除衍生出這些宗教的原始根源，也不會忽略他們也許已過度發展的龐大分支。

這裡所謂的「主要宗教」，是指亞伯拉罕信仰體系的猶太教、基督教*、伊斯蘭教（以及從上述宗教衍生，散布於世界各地的分支）與吠陀信仰體系的佛教、耆那教、印度教，另外還有日本的神道、中國道教與印度錫克教。在這些宗教之中，最為古老的是印度教，最早可以追溯到西元前兩千年左右，也就是最初的四部聖典《吠陀》所寫成之時。

印度教的主神是由梵天、毗濕奴、濕婆三大神合為一體的三相神（trimūrti，三位一體之意），而這個三相神也是至高神「伊濕伐羅」（Isvara），這位伊濕伐羅是否就是最初的神，目前還無從得知。

不過，雖然很難確定哪位才是最初的神，但要知道這些宗教是在哪個時期創立的，卻有跡可循。德國哲學家卡爾·雅士培（Karl Jaspers, 1883～1969）為此劃定了很明確的範圍，並將之稱為「軸心時代」（Axial Age）：約為西元前八到三世紀之間。

根據雅士培的研究，各文明的至高精神領袖以及現行主要宗教的開宗祖師，都差不多是在這個時期登場，比方說，孔子、老子、將婆羅門教經典《吠陀》編撰成《奧義書》（Upaniṣad）

印度教的主神「三相神」（三位一體）

Brahmā 梵天

創造神

「創造之神，建構世界的無量存在，祂是宇宙源起之思想，是一切存在的智慧。」

《印度的神話與眾神》
（mythes et dieux de l'inde），
亞倫·達尼耶魯
（Alain Daniélou）著

Vishnu 毗濕奴

保護神

「祂是無所不在的，化身各種姿態降臨並守護世界，為人類指引方向。」

《印度的神話與眾神》
（mythes et dieux de l'inde），
亞倫·達尼耶魯
（Alain Daniélou）著

SHIVA 濕婆

破壞神

「祂是睡眠之主，是個體最終消逝離解的象徵。」

《印度的神話與眾神》
（mythes et dieux de l'inde），
亞倫·達尼耶魯
（Alain Daniélou）著

的作者們、佛陀（釋迦牟尼）、查拉圖斯特拉、先知以利亞（Élie）、以賽亞（Isaïe）與耶利米（Jérémie），還有赫拉克利特、蘇格拉底、柏拉圖、亞里斯多德……都是在這個時期出現的。

總而言之，雖然我們還是無法斷言最早出現的宗教是哪個，但至少已能大致掌握了宗教的誕生時期。

＊本書所講到的「基督教」，是指信仰耶穌基督的一神教體系，包括天主教、東正教、新教。與現今習慣將基督教直接代指新教不同。

「你是否曾經特別喜歡某顆星星，覺得這顆星星是上天對自己的專屬眷顧呢？神對此星的意向如何我們無從得知，但我知道神對我們的意向確實存在。」

《身在業火》（Au Cœur de la fournaise），
R·P·雷姆吉列（R.P. Lev Gillet）著，1998 年

史前人類有所謂的「信仰」嗎？

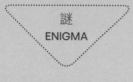

色彩
COLORS

謎
ENIGMA

手
HAND

人類早在留有歷史紀錄的數十萬年前就已存在於世，但生活在這段浩瀚歲月、不曉得歷經多少更迭與進化的族群，卻全部被統稱為「史前時代人類」，而他們的信仰生活（指對形而上世界的感應）也充滿了謎團。之所以會如此，原因之一在於當時許多行為難以確切區分出是「神聖的儀式」抑或「對藝術之美的探求」，另一個原因則更顯而易見：由於沒有留下任何文字描述，所以遠古人類的實際生活方式根本無從得知。

不過，儘管困難重重，我們依然可以（也唯有如此）從已發現的各種史跡文物中努力一探究竟，藉由觀察它們的形狀、顏色、製作技術與藝術表現，進一步了解史前人類對形而上世界（幾乎主要是「生死」方面）的想像與理解。

橢圓形與圓形

橢圓形很常在史前時代的圖畫或雕刻之中出現，代表著當時人類對於「洞穴」的憧憬（尤其是在象徵女性生殖器之時）。其實這一點也不奇怪，女陰是生命來源之處，是成就奧妙之所在，史前人類會對此產生強烈關注理所當然。圓形則較橢圓形少見，代表的是太陽與月亮，也是自有紀錄之初，就被視為神聖化身的最古老自然象徵。

手掌

在史前人類頻繁流連之處，常可在內部的牆壁發現手印的痕跡。手可說是「工具之中的工具」（出自亞里斯多德），對留下手印的執著，足以代表當時的人類已經意識到「身為人類」的獨特性。此外，這些手掌的痕跡，也有可能是為了引起其他生物、甚至是無形之物注意的信號。

黑色

在史前人類的眼中，比起死亡、對人類宿命的叩問等等，黑色更容易讓人聯想到的是黑夜，一個充滿恐懼、疑問，漆黑一片，被一切不確定性所統治的神秘國度。

紅色

能從土壤中取得的紅色，是洞窟壁畫最常見的顏色。假設我們認同史前的洞窟壁畫的確具有某種形而上的意義，那麼當時的人類之所以這麼常使用紅色作畫，除了容易取得，也可能是用來表現血液（與生命、死亡都有關聯的紅色液體）的強大存在。

洞

史前人類之所以會將死者安放在洞穴之內，也許是希望能讓死者與地底深處的神聖之物更加接近。而他們對於深淵或洞窟所感受到的親近感，可能也出自同樣的本能感應。從這點也可以印證，他們對形而上事物具有明顯的興趣與關心。

線條

史前人類很常在橢圓形加上線條，作為男性生殖器的象徵，而這也是人類最初的繪畫內容。從這些繪畫的線條還可以知道，當時的人類已經具備以抽象線條描繪實物的思維能力。

是一神？還是多神？

「一神教」與「多神教」是截然不同的兩個世界，而且差異不僅限於名稱之中的數字表稱（「一」與「多」）。信奉唯一真神的伊斯蘭教徒、猶太教徒和基督教徒很難想像神有很多位，而相信宇宙存在眾神明的印度教徒、佛教徒與神道教徒，也無法理解唯一真神的概念。

一神教
MONOTHEISM

多神教
POLYTHEISM

God or Gods?

但事實上，無論是一神教主張的「唯一性」，還是多神教標榜的「無限性」，兩者都同樣是無法百分百符合的目標。信奉一神教的人，也樂於讓「無數的」天使或聖人（或多或少與神性有關）圍繞在唯一的真神四周；另一方面，信奉多神教的人，也很常在多如繁星的神明之中，對其中一位或數位神明特別偏愛。比方說，印度教徒會憑個人喜好，將至高神「伊濕伐羅」視為毗濕奴（毗濕奴派）或是濕婆（濕婆派）。一切都是程度上的差異。

✛ 一神教中，與神同地位者

接著讓我們依照所信之神的數量，從最少的宗教開始觀察各種一神教的情況吧！先假設這種比較是有意義的，最能突顯一神教特色的，無疑是猶太教或是伊斯蘭教。作為猶太教教義基礎的十誡中，第二誡提到「除了我以外，你不可有別的神」（在基督教裡這條多為第一誡），伊斯蘭教的清真言（Shahāda）也要求宣告「萬物非主，唯有真主」（除了真主阿拉，別無其他主宰）。

擁有十種化身的多神教之神

印度教的毗濕奴能化身為各種不同的形態與實體。

摩蹉（Matsya）
讓世界免於洪水之災
的魚。❶

那羅希摩（Narasimha）
殺死魔神金床的獅頭人。
❷

俱利摩（Kurma）
撐起曼陀羅山的巨龜。
❸

筏羅訶（Varaha）
從魔神金目手中拯救
大地女神頗哩提毗的
野豬。❹

筏摩那（Vamana）
❺ 從魔神巴利手中拯救三界
的侏儒。

持斧羅摩（Parasurama）
❻ 首次幻化為人的化身。

❼ **羅摩（Rama）**
印度的古都阿約提亞
之王。

❽ **黑天（Krishna）** 愛的象徵。

❾ **悉達多** 歷史上的佛陀。

❿
迦爾吉（Kalkī）
尚未現身的化身。會打敗所
有魔神，讓世界從頭開始。

　　但是，在這些一神教之中，卻有著與神幾乎同位階的其他存在，以猶太教為例，他們相信彌賽亞（意指「受膏者」，是上帝選中之人，因此實質上已被神格化）終有一天會降臨這個世界，開創和平與繁榮的永恆國度。然而對哈西迪猶太教（Hasidic Judaism，屬於猶太教極端正統派之一）某一部分的教徒而言，彌賽亞已藉由梅納赫姆·施內爾松（Menachem Schneerson，1902-1994）這位拉比（猶太教的宗教導師與精神領袖）的肉身降臨於世，並將其幾近奉之為神。

　　另一方面，視「神的唯一性（Tawhīd）」這個概念為基本教義的伊斯蘭教，認為馬赫迪（Mahdi，指被真主引上正道之人，救世主）將會在世界末日之時降臨這個世界。但令人驚訝的是，什葉派（伊斯蘭教兩大宗派之一）的分支「十二伊瑪目派」則相信馬赫迪已然降世，而且就是第十二代伊瑪目（Imam，教長之意），他從十世紀之後就隱遁了起來，再次現身之時，充滿和平與正義的治世就會降臨。而被奉為伊斯蘭教開宗祖師的穆罕默德，雖然僅有先知之銜，但在《聖訓》（穆罕默德一言一行的紀錄）

或是其他的宗教文獻中，卻常常被描述成神一般的存在。

就連同樣以信奉唯一真神而為人熟知的錫克教，也有相同的情況。錫克教除了相信造物主這位唯一真神，也稱唯一真神為「美妙的古魯」（waheguru，其中 guru 為啟蒙者、導師之意，音譯「古魯」），而在聖史時代中，最初的十位古魯（1469～1708 年）不但是神的代言人，同時也被當成神崇拜，這豈不是與一神教的教義有些相悖嗎？

某位神降位為人之年

1946 年

從這一年開始，日本的天皇（當時為裕仁天皇）不再被視為神（現御神，具有人類形態的神），但仍擁有神道教中最高神官之位。

錫克教徒相信造物主是唯一真神，也將造物主視為至高古魯（waheguru）。

✦ 基督教的「三位一體」的神

說到底，猶太教徒、伊斯蘭教徒以及堪稱「近親」的錫克教徒，都難以抵抗多神教的誘惑。

儘管如此，他們卻依然拿這一點來苛責同為一神教的基督教。在四福音書中也可見這樣的記述：猶太教徒曾以此強烈譴責自稱為神的拿撒勒人耶穌。

過了幾個世紀之後，還處於草創時期的基督教內部，也開始針對教義基礎的「三位一體」——也就是「聖父」、「聖子」與「聖靈」——的地位開始展開了爭論，在這三個位格之中，誰才是「真正的」主？誰在誰之下？誰又該服從誰……

此後，接連在西元 325 年召開了第一次尼西亞公會議，西元 381 年召開了第一次君士坦丁堡公會議，西元 451 年又召開了迦克墩公會議，試著以「基督徒相信的不是三種神而是唯一真神，這三個位格都是神，屬同一本體」這樣的結論解決爭議。對於許多基督教徒來說，三位一體的概念是

其他宗教沒有的，是專屬於基督教的一神教特別奧義。

不過，在自詡為「真正的」一神教教徒眼中，這套結論始終是種遁詞，看起來就是不願承認自己是多神教的多神教而已。雖然基督教在之後出現分裂（1054年，東西教會大分裂之後產生了東正教，十六世紀的宗教改革之後則產生了新教），但基督教徒始終信奉三位一體的教義。比方說，於愛爾蘭傳揚福音的主教聖派翠克（St. Patrick），就曾以三葉草（shamrock）為例，為信徒說明三位一體的概念。

那麼婆羅門教、印度教與其他亞洲的宗教又是什麼樣的情況呢？是謹守多神教的教義，就像在神社供奉著八百萬神（與精靈）的日本神道一般，還是更偏向一神教的信仰呢？前面提過，印度教可分成毗濕奴派與濕婆派，而這兩個派別都以近乎一神教信徒的虔誠，信奉著這個擁有數以千計神祇的宗教。話說回來，就算是這種「超多神教」，事實上也有階級之分，而許多人認為君臨頂點的就是創造之神梵天。

至於道教與佛教，則較屬於「教義為主」的宗教，神佛只是從旁輔佐的角色，這類宗教追求的是每個人的自我開悟，而幫助人們達到如此境界的「道」，則充滿了戒律與誓願。

一神教與多神教的架構

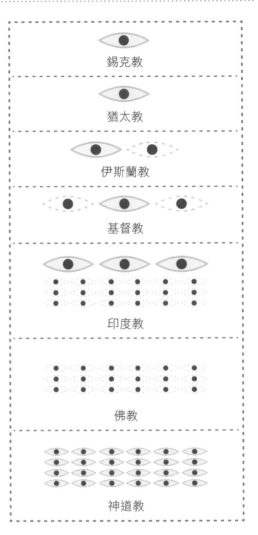

- 👁 主神
- ⋯• 主神之外的眾神

道教與佛教以「教義」為主軸，由神佛從旁引導世人得道或開悟。

神住在哪裡？

這應該是自神「創造」人類以來，人類就一直迫切想知道答案的問題。自古以來，我們總是無止盡地在不斷尋找祂／祂們的住所，雖說這個問題的答案就藏在聖典當中。但聖典裡的答案究竟是人類想像力的產物，還是宗教學者們在漫長研究後所得到的有力假設呢？

奧林帕斯山
OLYMPUS

群山
MOUNTAINS

Where Do
the
Gods
Live ?

榮耀寶座
THRONES OF
GLORY

會幕／約櫃
TABERNACLE

讓我們從較為特殊的基督教（天主教、希臘正教、新教）之神開始介紹。上帝之所以特別，是因為就形而上的意義而言，祂屬於唯一的存在，但在現實世界裡，耶穌基督不但曾被證實真有其人（根據塔西圖、弗拉維烏斯約瑟夫斯等著作的考證），而且還自稱為神（與聖父同為三位一體的唯一真神），就連祂的門徒——原本來自猶太教，最頑強堅持一神論的人——也都承認耶穌其神的地位。

儘管祂曾表示「（身為）人子卻沒有（放置）枕頭的地方」（《馬太福音》8:20），但其實耶穌的住處是已知的，大約是在猶太地區（死海與地中海之間的巴勒斯坦地區）或是加利利地區（巴勒斯坦北部的丘陵地，現在的以色列北部）附近，也就是在伯利恆、拿撒勒、耶路撒冷交界的某處。

不過，在聖子基督以耶穌這個人類肉身降臨於塵世之前，身為「神之話語」（神之道）的祂又在何處呢？

《約翰福音》在一開始便為這道問題提供了線索，也就是「與神同在」。

古希臘宗教
① 奧林帕斯山

印度教 🕉
② 哥瓦爾丹山
③ 岡仁波齊峰

道教 ☯
④ 恆山
⑤ 華山
⑥ 嵩山
⑦ 泰山
⑧ 衡山

佛教 ☸
⑨ 五台山
⑩ 峨眉山
⑪ 九華山
⑫ 普陀山

耶穌本人也在同一福音書（14:9）提到：「人看見了我，就是看見了父」。

✛ 在天上⋯

耶穌口中的「父」是上帝，是以色列人的神，也是亞伯拉罕、以撒、雅各的神。猶太教的《妥拉》（Torah，律法書，也就是《摩西五經》）同樣曾明確回答過「神在哪裡」的問題，答案就是「神無所不在」，神不是去在祂所在之前就已存在的地方，而是所有的地方都是因為神存在而存在。也因此，神可以從天國降臨燃燒中的荊棘，可以從火柱切換到微風，可以從宮殿的中庭轉至茂密的青草地，或是從湍急之流到馬槽。

不過，有一個地方可說是專為神設立的貴賓席，甚至在基督教與伊斯蘭教都有類似的概念，那就是「榮耀寶座」（THRONES OF GLORY）。

接下來，再讓我們來看看伊斯蘭教真主的「住所」吧！令人意外的是，在《聖行》（Sunnah，記載了先知穆罕默德的行為先例）中的「牧羊女聖訓篇」（hadith de la bergère），可以直接找到這個問題的答案。穆罕默德問一位少女：「阿拉在哪裡呢？」而

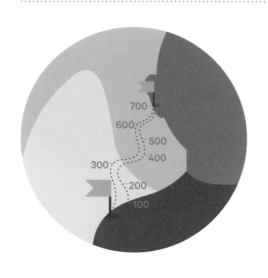

4 名天使

伊斯蘭教唯一真神「阿拉」的寶座,是由四名巨大的天使負責撐起的。根據《艾布‧達吾德聖訓集》(Sunan Abī Dāwūd,9 世紀)的記載,即使是飛行速度最快的鳥,要從天使的耳朵飛到肩膀,也得飛七百年這麼久。

對伊斯蘭教徒來說,「真主在哪裡」這個問題的答案就在教典之中。

這位少女指著上面,回答「在天上」。的確,阿拉並未離開祂天上的寶座,在《古蘭經》中就有六處提到這點:包括第七章〈高處〉、第十章〈優努斯〉(Yunus)、第十三章〈雷霆〉、第二十五章〈準則〉、第三十二章〈叩頭〉(Al-Sajda)、第五十七章〈鐵〉。沙烏地阿拉伯的著名學者伊本西敏(Ibn Uthaymin,1925 ～ 2001)曾因《古蘭經》如此記載,而認為阿拉無所不在或者就是存在的說法是錯誤甚至是褻瀆的。話雖如此,中世紀的神學者庫爾圖比(Al-Qurtubi)則提出另一種解釋,表示這並不代表神的存在會因此被寶座所限制。

✥ 在高處⋯

　　既然我們難以從一神教的經典鎖定神的住處,大家也許會覺得用同樣的方法尋找多神教眾神的位置,將是更加不可能的任務。不過,多神教的眾神有著「習慣聚在一起」的特性,所以反而容易得知祂們的所在。如今幾乎已經銷聲匿跡的兩個宗教都給了詳細的線索,告知信徒眾神身在何處。

　　第一個宗教是古希臘宗教。信徒認為眾神就住在奧林帕斯山(Olympus)的山頂。另一個則是北歐多神教,他們認為主神奧丁(Odin)與其阿薩神族都住在「阿斯嘉特」,而被認為是農業與豐饒之神的華納神族,則住在「華納海姆」,這兩個地方都由世界

樹「尤克特拉希爾」（Yggdrasill）的枝幹所衍生，同時也是相關神話故事的發生之地。

另一方面，印度教認為眾神住在「蘇迷盧山（須彌山）」，而這座傳說中的山是世界的軸心，太陽是繞著這座山運行。如果要更進一步說明，濕婆派認為這座山就是印度河源頭的西藏聖山岡仁波齊峰，而毗濕奴派則認為這座山其實是毗濕奴神的化身「黑天」所居住的哥瓦爾丹山。

而中國的道教以及日本的神道，皆認為山是神或神格化的人物修行與休憩之處，在中國，聖山就有九座之多，其中包含道教的五嶽（分別為座落於四個方位的北嶽恆山、南嶽衡山、東嶽泰山、西嶽華山，以及位於中心點的中嶽嵩山），還有佛教的四大名山（五台山、普陀山、峨眉山、九華山）。而在日本，神可以居住在萬物之上，無論是近處的物品，抑或是遼闊的海岸，唯一的例外是身為太陽女神的天照大神和其他古代眾神，他們都住在塵世之上的「高天原」。不過，雖然高天原代表天界，但在地面（人界）上，日本中部也有被認為是「高天原」之名由來的山*。

* 其實日本有許多地方都被認為是高天原的起源，不一定偏限於日本中部。

規模最大的「神之住所」

2.40 公尺

全世界最大的聖體櫃（存放聖體餅之櫃）之一，就位於墨西哥城的瓜達盧佩聖母大教堂，上述尺寸是該教堂新聖體禮拜堂*的聖體櫃高度。根據天主教的教義，神的實體存在於已「分別為聖」（指已受祝禱並視為聖）的「聖體」（長得像威化餅的無發酵餅）之中，天主教教會並表示此時「麵餅已不復存在」，意思是麵餅已藉由聖餐禮轉化為基督的聖體，不再是麵餅。換句話說，對於天主教徒而言，外觀精美的聖體櫃，也是神的居所之一。

* 舊禮拜堂因為地層下陷而傾斜，現在聖體被安置在 1976 年建造的現代化新教堂。

中國的道教以及日本的神道，皆認為山是神或神格化的人物修行與休憩之處。

什麼是「宗教」？

「宗教」的涵義非常廣泛，而且在不同的場所或時代，都有各自不同的樣貌，也因此存在著成千上百種定義。

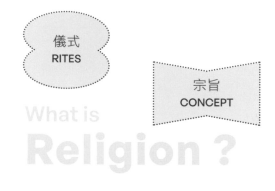

儀式
RITES

宗旨
CONCEPT

What is
Religion ?

信仰與實踐的體系
SYSTEM OF BELIEFS AND PRACTICE

其實「religion」這個字用於意指「宗教」的歷史並不算久，在古羅馬人的眼中，這個字代表的是與虔誠類似的品德，可能是對先人記憶的信賴，抑或對傳承信仰的忠誠。因此，與其說古羅馬人「屬於」某個特定的宗教，不如說他們「擁有」著自己的信仰。

現代的「宗教」一詞則主要指「以可清楚『辨識』的神／眾神為主軸的信仰或具備得以實踐教義的封閉體系」，但在古羅馬帝國文明之中，完全沒有這樣的概念。因為古羅馬的萬神殿包容著所有超自然存在，他們不但會接納鄰近民族的神，也會在征服其他民族之後，接納那些民族的神，所以神殿的數量也越來越多。

此外，中世紀的西方世界只有傳統的天主教，很少有機會認識其他的教宗，所以就算用「religion」這個字來描述其他體系的宗教，當時的人們應該也不懂得實際的意義。這個字要一直到十六～十七世紀，宗教戰爭陸續爆發，多種基督教體系共存之後，才漸漸變得普及。

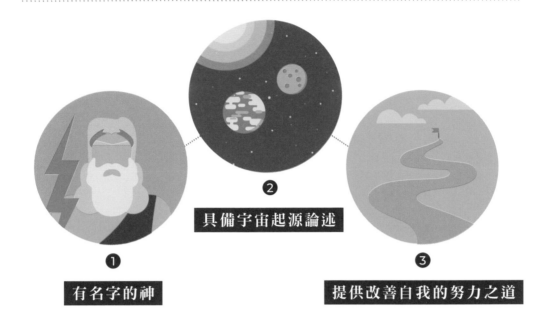

②

具備宇宙起源論述

①

有名字的神

③

提供改善自我的努力之道

✛ 「宗教」是源自西洋的概念

考量到「religion」這個字誕生之際的時間與空間，我們可以發現，「宗教」完全是源自於西方的概念。在人類其他的居住地（尤其是中東或亞洲），並沒有相同的詞彙*。

此外，在西方諸多語言之中，為了闡明「宗教」源自古代這件事，用於表現「宗教」意義的詞彙，幾乎都保持著原本的型態。其中最早的應該是拉丁文的 religio，之後再從這個字源衍生出法語、英語、德語、丹麥語、瑞典語、挪威語的 religion，以及塞爾維亞語、克羅埃西亞語與立陶宛語的 religia，還有葡萄牙語的 Religião、愛沙尼亞語的 religioon，以及荷蘭語的 religie，而且這些都是直到現今都在使用的單字。

由此可知，宗教一詞在西方世界的指涉和用法殊途同歸，但這是否意味著其他土地的宗教就沒有任何基準可定義呢？

答案的線索就在這個問題之中。在此讓我們透過三個判定基準來思考這個問題。

---

* 中文「宗教」一詞最早出現於隋唐時期的
《法華玄義》，當時其實是「詮釋佛理」的
意思。之後之所以會轉變為「religion」的
中文字義，則是因為清末沿用了日本漢字的
翻譯之故。

10個

法國專為宗教相關人士（神學生、司鐸、修道者、希臘正教的司鐸、拉比、牧師、伊瑪目等）設計了以國庫援助的社會福利制度（CAVIMAC，宗教相關人士的養老、傷殘和疾病保險基金），而可以加入這個社會福利制度的「宗教」代表團體共有十個，分別是天主教、聖公宗、亞美尼亞禮天主教會、佛教、伊斯蘭教、東正教、福音派、耶和華見證人、印度教，以及天理教（結合佛教與日本神道）。

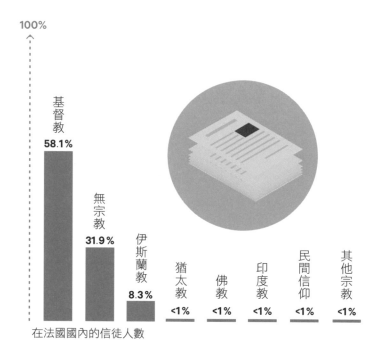

100%

基督教 **58.1%**

無宗教 **31.9%**

伊斯蘭教 **8.3%**

猶太教 **<1%**

佛教 **<1%**

印度教 **<1%**

民間信仰 **<1%**

其他宗教 **<1%**

在法國國內的信徒人數

✛ 宗教就是追求超越人類的存在

第一個基準就是任何宗教都一定有「神」。

拉丁文「religio」的字源是動詞的 religere，而這個動詞有「認同○○的重要性」這個語義。那麼，到底是認同誰的重要性呢？

這個對象應該至少是具備了下列兩種特徵的存在（或是多個存在）。第一個特徵是有名字，另一個特徵則是超脫凡人，不會受塵世左右。具備這兩個特徵的存在（或是多個存在）就會被稱為「神」或是具有「神格」，並因為祂（或祂們）的存在本身，以及為世間萬物所帶來的功業，而值得被崇拜。這種崇拜有時是私密的個人

祈禱，有些則是公開的儀式，換言之，信奉這個存在，也就等於要求自己行所應當之事。

第二個基準就是所有的宗教都擁有其獨特的世界觀與歷史，也都會針對現在、過去與未來，向信徒作出相應的解釋。不管是現在或已消失的宗教，相關的經典都會提到世界是如何誕生、人類如何出現，而那個至高無上的存在又與整個世界的歷程有哪些關聯性。這就是所謂的宇宙起源論述，有多少種宗教，這種宇宙起源論就有幾種，或甚至是更多。

最後一個基準是以個人或是團體的形式，勸人改過向善並向上昇華。這個過程常被形容成「得道」（中國道教）或完成旅程。出類拔萃的信徒（聖職者）會成為前輩或導師，並將儀式（例如印度教的「Saṃskāra」儀式）、道德戒律（例如猶太教的成年禮「mitzvah」）、與信仰實踐方法（例如基督教的祈禱），向信眾們一一示範和傳授。

那麼整個過程的運作模式又是如何呢？在亞伯拉罕宗教體系之中，這個過程被比喻為從某個地點飛往另一個地點的箭，而在吠陀宗教體系之中，則常被形容成持續轉動的車輪，擺脫輪迴才算真正得到解脫。

綜上所述，宗教也許可用「神」、

山達基算是宗教嗎？

16 個國家

公開承認山達基為宗教的國家個數（2016）。

「理論」、「實踐」這三點來定義。不過若從這個結論來看，該如何解釋那些無法套用上述情形的信仰呢？讓我們以佛教為例，應該會比較容易說明。佛教本沒有所謂的「神」（不過也有將實際存在的佛陀＝釋迦牟尼當成神的流派），但是有些佛教徒會將當地傳統宗教的神，代入佛陀的教義之中，並藉此創造出全新的宗教（這些神有時甚至會行事荒唐，或神力低微）。印度次大陸地區的印度教、日本的神道都是如此，而中國的道教，其實也是吸納了中國神話之中的諸神才得以形成。

不同宗教之間有何相關性？

光暈
HALATION

　　儘管很難具體說明，但各宗教之間的確存在著某種相關性，位於某個宗教「外圍」的教義或信仰又稱為「光暈派系」（halation），不過不可以忘記的一點是，任何一個宗教都可能被另一個宗教視為其外圍，比方說，從伊斯蘭教什葉派分出來的「伊斯梅爾派」，就認為自己是最純粹的什葉派與伊斯蘭教徒，所以對他們來說，其他的派別都是伊斯蘭教的「外圍派別」。

什葉派

遜尼派

伊斯蘭教

天主教

新教

東正教

瑟法底

阿什肯納茲

猶太教

基督教

哈西迪

卡巴拉

亞伯拉罕宗教體系

24

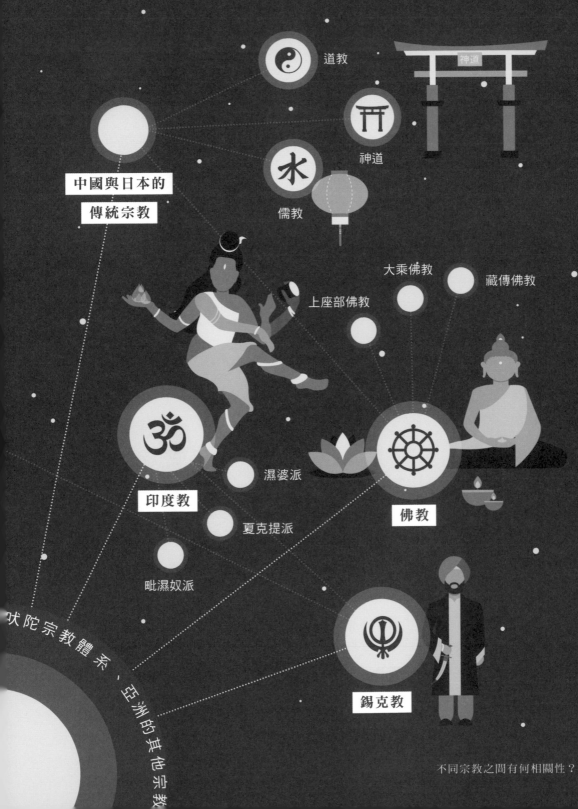

道教

神道

神道

儒教

中國與日本的
傳統宗教

大乘佛教

藏傳佛教

上座部佛教

濕婆派

印度教

夏克提派

毗濕奴派

佛教

吠陀宗教體系、亞洲的其他宗教

錫克教

宗教於何處誕生？

法國思想家孟德斯鳩在其經典著作《論法的精神》（1748 年）的第十四篇中，承襲了亞里斯多德的想法，而這樣描述法律：「不同的生活型態之所以得以形成，在於不同的風俗習慣與不同的需求，而這些不同的生活型態也同時形塑了各種不同樣貌的法律」。

不知孟德斯鳩是否也會如此形容宗教呢？

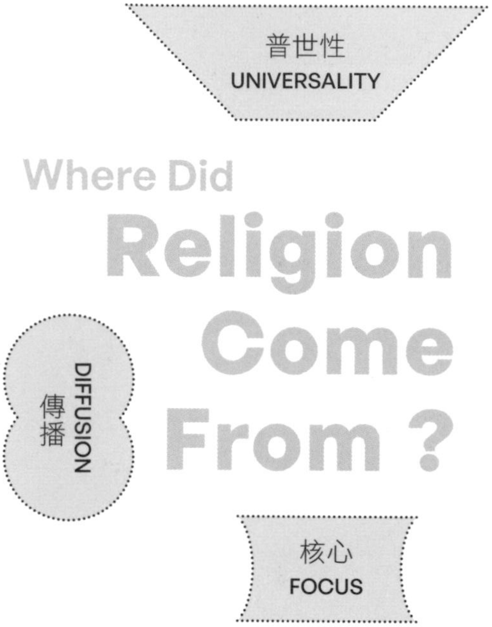

普世性
UNIVERSALITY

Where Did
Religion
Come
From ?

DIFFUSION
傳播

核心
FOCUS

宗教的信仰在誕生、發展與傳播的過程中，會如何被在地的環境影響呢？乍看之下，這個問題似乎有些天馬行空，但其實不然。說到底，不管是何種宗教，都幾乎是以發源地為主要核心，向外則只存在於局部地區，有些宗教甚至會有無法（或不知該如何）傳播的「禁區」。而現行的主要宗教，都是從中東地區（猶太教、基督教、伊斯蘭教）與印度恆河流域（印度教、佛教）誕生的，這真的是巧合嗎？如果不是，那又該如何說明這個現象呢？

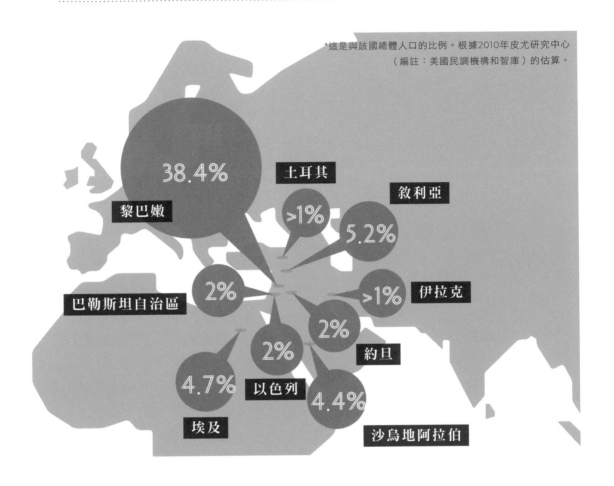

「歷史上」曾為基督教國家的現今基督徒比例

*這是與該國總體人口的比例。根據2010年皮尤研究中心
（編註：美國民調機構和智庫）的估算。

黎巴嫩 38.4%

土耳其 >1%

敘利亞 5.2%

伊拉克 >1%

巴勒斯坦自治區 2%

約旦 2%

以色列 2%

埃及 4.7%

沙烏地阿拉伯 4.4%

✤ 黎明時期的核心地區

其實早期的宗教都是從自古以來就人口稠密的地點誕生，而宗教的起源與歷史甚至可回溯至農耕民族開始定居的時代（西元前一萬～八千年前）。

從人類學者或社會學者的觀點來看，宗教就是人類與世界源自何處與命運將何去何從的答案，而這個隨著歷史巨浪翻騰的答案在歷經多個世代傳承的風俗與文化淬煉之後，一切總算塵埃落定，就像是「沉澱」這個化學現象一樣。

就這個角度來看，孕育猶太教、基

1.2%

這個數字是佛教徒占印度總人口的比例（和法國佛教徒的比例一樣）。印度是佛陀宣揚教義的地方，也是佛教四聖地所在之國，但佛教的信徒卻不多。

督教、伊斯蘭教等亞伯拉罕宗教體系的是埃及、巴勒斯坦與阿拉伯的沙漠。這些地區都在亞伯拉罕宗教形成的過程扮演了重要的角色。單調的沙漠象徵著孤獨、沒有任何生命跡象、荒涼、煩悶、無止盡的飢餓與乾渴，也讓住在這些地區的人們開始思考形而上的大哉問，以及包含未知數的人生方程式（不過這種假設卻無法套用在另一個宗教起源之地的恆河流域）。

宗教就是人類與世界源自何處與命運將何去何從的答案。

✛ 具有普遍性的宗教得以在全世界普及

那麼，這些宗教起源之地的信仰現況又是如何呢？

在此先為大家介紹幾個奇妙的現象。首先是現存的兩個重量級宗教在其發源地竟都幾乎銷聲匿跡。一個是基督教，在其發源地的中東各國（埃及、以色列、巴勒斯坦、約旦、敘利亞、伊拉克）皆是少數派，信徒也屢屢被迫害；另一個則是佛教。在佛陀親自宣揚教義的印度次大陸各國裡，佛教信徒佔全國總人數的比例卻不到百分之二。

話雖如此，這兩個宗教的本質與現代的其他主流宗教一樣，都具有能廣

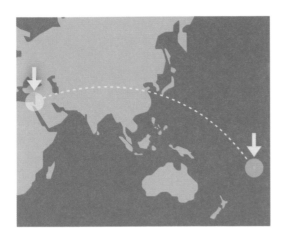

18,400 公里

這是離耶路撒冷神殿最遙遠的猶太教至聖所「瑟法底猶太會堂」的距離。這座猶太會堂位於巴比提（法屬玻里尼西亞大溪地的首都）哈瓦維哈哈瓦（HaAvaveHaHava），以壯觀的彩繪玻璃聞名。

泛受到認可的普世性，所以才能於全世界廣泛流傳。基督教傳入歐洲與美洲之後，羅馬反而成為其第二個中心所在。而佛教主要在亞洲發展，它在印度與印度教結合，在中國則與道教或儒教產生不同程度的交融，到了日本則與神道合而為一。

除了基督教與佛教之外，其他宗教又是如何呢？猶太教雖然在發源之地的以色列以及全世界各個角落存在，但都只限非常小的區域，只能在零星分布的猶太人社群之中看到。這也是因為受迫害而淪為難民的猶太人們，不管在哪個地方，都會組成以商業、手工業維生的緊密社群之故。錫克教的傳播方式與猶太教非常類似。此外，

伊斯蘭教雖然已於每一塊大陸普及，但有許多時候是透過武力（如南亞與非洲）或非洲、印度、巴基斯坦的移民潮而普及。

另一方面，就結果而言，以獨特智慧或在地文化為起源的信仰（如道教、儒教或神道）就很難離開猶如「坩堝」（冶煉金屬的熔爐）的起源之地。這或許是因為這些信仰的起源與當地環境息息相關，而且本身的定義也較為侷限專一，所以很難移植到其他的地區。

雖然猶太教在以色列以及世界各個角落存在，但都只限非常小的區域。

宗教會消失嗎？

　　這個問題的答案似乎不言而喻，因為消失的古宗教可說是不勝枚舉。現在還有人敬拜朱比特、朱諾、密涅瓦組成的古羅馬卡比托利歐三神嗎？誰還在頌揚古巴比倫守護神馬杜克之名？還有人遵守於西元前一千年誕生的「拜火教」（瑣羅亞斯德教）教義嗎？如今又是否還有信奉馬雅女神伊希塔布的信眾？

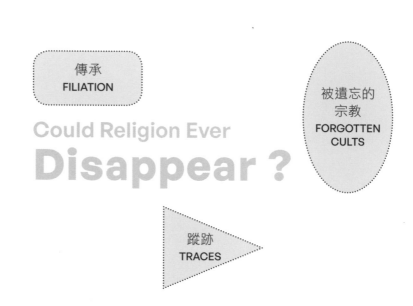

　　雖然開頭提到的這些古宗教已經無人信仰，不過除了完成它們在歷史上的階段性任務，並為博物館帶來珍貴的文物之外，古宗教其實至今仍留有許多細微蹤跡，就像是隱秘的涓涓活泉，在現代宗教之中悄然存在。尤其在信仰與儀式這兩大宗教支柱的背後，都可以找到它們的身影。

　　所有的信仰文明都離不開歷史、神話與傳說的基石，即使是猶太教、伊斯蘭教這種由唯一真神曉喻教義的宗教，其信仰也絕對有其根源。比方說，在聖經第一卷創世記提到的開天闢地與大洪水，就帶有已消失的古巴比倫宗教的色彩，可以說古巴比倫宗教與仍然健在的猶太教之間，具有著某種

50,000人

這是全世界信奉德魯伊教（Druidism）的信徒人數（根據巴德歐維特德魯伊團的資料）。

程度的承襲與關聯。如果進一步探索這個關聯性，還會發現伊斯蘭教也牽涉其中，因為伊斯蘭文化吸收了許多希伯來的傳統元素。其中一個傳統元素就是教長與先知的重要地位，相對地，這些傳統元素在被吸收融合之際，也通常都會配合該宗教的教義，而或多或少改變原有的樣貌。

✢ 消失但永不磨滅的宗教

如果仔細分析現代宗教的經典，其實也可以找到那些已消失宗教的支字片語，同樣的，若能卸下現代眾神、神格化的存在或聖人被精心安排的妝飾，或許也可以依稀看出他們過往的樣貌。大多數的人類學家、歷史學者與神學者們，幾乎都有著相同的認知：目前普及於全世界的主流宗教，都曾為了將「異教徒」導向「真正的信仰」，而在征服土著的過程中，毫不遲疑地替當地神靈換上「他們家」的華麗裝束。

比方說，帶有些許偶像崇拜色彩的墨西哥瓜達盧佩聖母，就多少能看到古代阿茲特克人（在哥倫布抵達美洲大陸前）的女神／母神信仰文化的影子，例如「玉米之母」托楠辛特（Tonantzin）或大地女神特拉爾特庫

2169

這是 1967 年於阿爾巴尼亞被迫關閉的宗教性建築與名勝的數量。同年，最高領導人兼共產主義獨裁者恩維爾霍查（1908～1985）宣佈阿爾巴尼亞為「無神論國家」，同時開始掃蕩這個社會主義共和國中的宗教（主要是基督教與伊斯蘭教）。

特利（Tlaltecuhtli）。同樣地，天主教教會也曾偷偷地將古印加帝國人民對「大地之母」帕查瑪瑪（Pachamama）的崇拜，轉換成敬拜聖母瑪利亞。類似的情形也發生在玻利維亞歐魯羅城烏魯人的女神上，如今已成為了聖燭聖母（Virgin of Candelaria）。

✛ 於現代一息尚存的古代儀式

從上述這些例子可以得知，就算某個宗教完全消失，同體系的儀式仍會頑強地留存下來。嚴格來說，這些儀式的殘存狀況，並不能像由不同信仰與教義結合而成的「融合宗教」（syncretism）那樣完美融入，而更像是現行宗教龐大礦壁中的零星礦脈。

為了確認古代儀式的確還留存於現代，讓我們透過三個例子來印證。第一個例子是伊斯蘭教徒繞行麥加卡巴天房黑石的施禮儀式。從伊斯蘭教嚴格禁止偶像崇拜的教義來看，這個儀式著實令人費解，但如果回溯到西元七世紀，就會發現對黑石的崇敬始於穆罕默德在創教之初為這塊石頭賦與了特殊意義之故，而黑石崇拜則明顯是從伊斯蘭教誕生之前的貝都因信仰所繼承而來。

接著是印度的例子。吠陀教與婆羅門教被視為印度教的起源，而現代的印度教也繼承了上述兩個宗教的儀式。最具代表性的儀式之一就是獻上祭品，請神明降臨人間的「普迦」（pūjā）。

最後是基督教的例子。一邊排成隊

於全世界普及的主要宗教為了將「異教徒」導向「真正的信仰」，往往會在征服土著的過程中，毫不遲疑地為當地神靈替換上「他們家」的華麗裝束。

伍緩步往前走，一邊唱著聖歌，祈求上帝看顧或豐收的祈禱日（Rogation Days），實為以前異教時代的遺贈。

　順帶一提，有些宗教的「內在邏輯」反而會拒絕接受在地性的儀式或文化，比方說，在十七世紀的時候，天主教教會與中國傳統文化之間，就爆發了所謂的儀式之爭，當時的天主教教會認為「宣揚上帝話語的基督會在特定的環境下道成肉身，所以信徒也必須仿效基督，與這種特定環境保持連結」，並據此禁止在亞洲各國以米粉製作的聖體舉行彌撒（只能用小麥粉）。

基督教不再是「異教」的年份

313 年

非基督教徒的君士坦丁大帝頒佈米蘭敕令，承認基督教信仰，為羅馬帝國境內的基督教迫害畫下休止符。

325 年

君士坦丁大帝召開尼西亞公會議。基督教教會在這場公會議奠定了神學說。

337 年

君士坦丁大帝在臨終前受洗，成為第一位貴為羅馬皇帝的基督教徒。

信仰的本質是什麼？

「信德的奧蹟！」（原文為「Il est grand, le mystère de la foi !」，意指：信仰的奧妙神秘如此偉大！）天主教的主祭會在彌撒時於祝聖完成後如此歡呼。在天主教的教義之中，彌撒就是緬懷耶穌基督成就救贖的感恩儀式。

而這句歡呼詞還闡述了另一件事：「信仰是某種神祕且奧妙的事物」，這也是最適合用來解釋信仰的說法了。不過，「這項事物」到底又是什麼呢？讓我們先從這個問題開始探討。信仰的本質到底為何？是情感？是知識？還是一種行動呢？

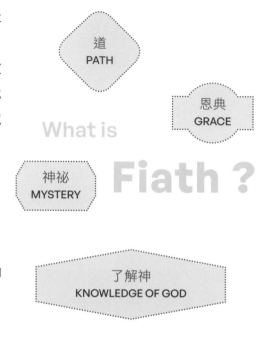

首先讓我們藉助伊斯蘭教與基督教的基本邏輯開始探討。這兩個宗教的內容雖然截然不同，但本質卻有相似之處，而要了解這個本質，就要先弄清楚它們如何指引人類面對命運。這兩個宗教皆認為：人是否能得到真正的自由，端看內在的想法。

當我們知道這點之後，再試著想像一座未完成的橋，人即要從「不了解神」的現世這端，走向懷抱永恆使命且「了解神」的另一端。所謂的信仰

就是這之間的橋樑，每個人都照著自己的步調走在這座橋上，就算是花上一輩子的時間也無妨。

✤ 信仰是神賜予的寶物

不過，明明是座未完成的橋，為什麼信仰能帶領我們從這端的「希望」走到另一端的「經驗成就」呢？這種信仰的性質到底是從何而來？

在基督教的世界裡，信仰是一種恩

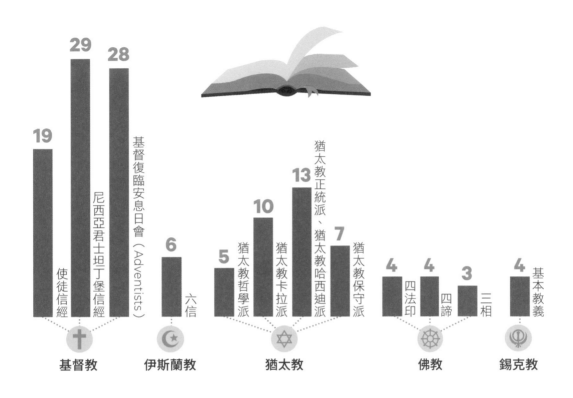

29 尼西亞君士坦丁堡信經

28 基督復臨安息日會（Adventists）

19 使徒信經

基督教

6 六信

伊斯蘭教

5 猶太教哲學派

10 猶太教卡拉派

13 猶太教正統派、猶太教哈西迪派

7 猶太教保守派

猶太教

4 四法印

4 四諦

3 三相

佛教

4 基本教義

錫克教

典（神無償賜予的寶物），每個人都可以選擇接受或不接受，對某個人來說，信仰可能是不證自明的道理或是虔誠的證明，但對另一個人來說，卻有可能是前往未知世界的一大步。

而對伊斯蘭教徒來說，信仰同樣是神的恩惠，有時會被形容成一盞明燈，人可憑自由意志決定是否點燃這盞燈。

另一方面，在伊斯蘭教的世界裡，信仰不但必須透過行動實踐，也必須透過「口舌念頌」展現（根據十四世紀偉大的神學家伊本卡因姆嘉伍茲亞的說法），否則就不是真正的信仰。換言之，伊斯蘭教徒必須朗誦清真言（Shahadah），並遵守伊斯蘭教的六信。所謂的六信就是伊斯蘭教徒必須堅信的六大信條，分別是信真主、信天使、信經典、信先知、信末日、信前定，一旦缺少其中一項，信仰就蕩然無存。

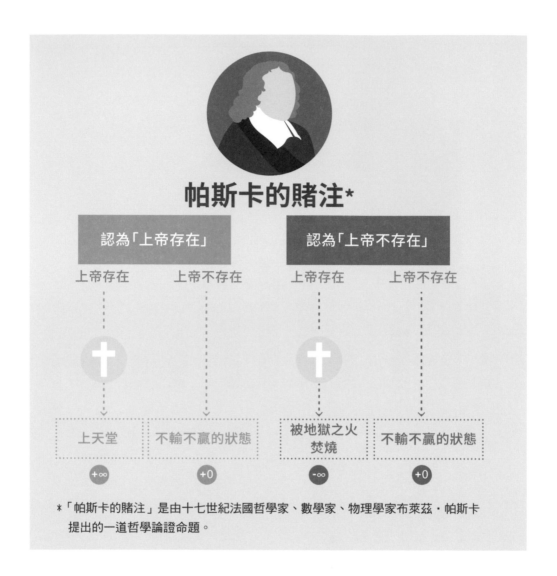

帕斯卡的賭注*

認為「上帝存在」		認為「上帝不存在」	
上帝存在	上帝不存在	上帝存在	上帝不存在
✝	✝	✝	✝
上天堂	不輸不贏的狀態	被地獄之火焚燒	不輸不贏的狀態
+∞	+0	-∞	+0

*「帕斯卡的賭注」是由十七世紀法國哲學家、數學家、物理學家布萊茲・帕斯卡提出的一道哲學論證命題。

✥ 神與人類之間的故事

那麼基督教的信仰對象是什麼呢？答案當然是上帝，嚴格來說，是以上帝為主角的故事，以及人類墮落與救贖的故事。在基督教的信仰之中，每個人都被要求參與其中，基督教的信條《使徒信經》也是如此勸說世人。

信條的英文是「creed」，語源是拉丁語的「credo」（我相信之意），而信條的意思是信仰的寄託，也是信仰內容的精華摘要。

另一方面，基督教的信條與猶太教也有某種程度的相通（教宗若望保祿二世不也曾說「猶太人是我們信仰上

錫克教的四個基本教義

❶ 神是永遠的

瓦赫古魯（Waheguru）是創造宇宙的神。

❷ 眾人平等

在所有的宗教儀式之中，女性與男性的地位相等。

❸ 生命寶貴

每個人的生命都是神聖的，能夠得到解脫是神的慈悲與神賜予的幫助。

❹ 應與不公不義對抗

錫克教徒雖然是和平主義者，但還是會拿起武器對抗壓迫者。

的兄長」嗎？）在《使徒信經》之中，被視為「全能的父神」的是耶和華。耶和華是唯一與永遠的主，是萬物的創造主，也是猶太教、基督教、伊斯蘭教共同頌揚的存在，更是亞伯拉罕、以撒、雅各的神。只不過猶太教的賢者或學者有時則認為：律法比信仰來得更加重要。

換言之，希伯來人真正信仰的是神聖的歷史，是神偉大計畫的宏偉敘事，而為了讓這個神聖的故事永久流傳，就必須忠實地履行戒律（mitzvah）（包括《摩西五經》中提到的安息日與割禮等規範）。

不過，思緒敏捷的讀者應該已經察覺到了，到目前為止，我都只聚焦在源自亞伯拉罕體系的三個一神教上。這絕對不是偶然，而是不得不如此。

以印度教為例，就算信徒明白轉生與前世這種「信仰義務」（印度最高法院甚至在 1966 年將其一一條列出來！），也不會因此產生如亞伯拉罕宗教那般強烈的使命感。

此外，吠陀體系宗教與亞洲傳統信仰都並非從個人角度出發，所以也就不會有「信仰到底是什麼？」的問題了。

有時猶太教的賢者或學者會認為：律法比信仰來得更加重要。

有多少信徒？

How Many Believers are There?

數字與宗教有時就像彼此不相容的水與油，像是要算出神的總數就很困難，當然，想統計信徒的人數也絕非易事！而且若要算出在這些信徒之中，實踐教義的有多少人，恐怕就更難了吧？這個提問甚至還會繼續引起其他的「問題」，比方說，明明每週日都沒參加彌撒，卻自稱天主教徒的意義是什麼？說到底，與宗教有關的統計又有何意義可言？至少重點絕不是要衡量各種宗教，因為這就像是在比較每個人的家庭一樣，根本無法計算出高低與優劣。

- 基督教徒
- 伊斯蘭教徒
- 無宗教
  其中包含著眾多信奉儒家思想的中國人
- 印度教徒
- 佛教徒
- 民間信仰
  紮根於民族的各種傳統宗教
- 猶太教徒
- 其他宗教
  巴哈教（編註：於十九世紀，由巴哈烏拉創始的一神教）、道教、耆那教、神道、錫克教……

22億人

1400萬人

16億人

11億人

10億人

4億8800萬人

5800萬人

4億500萬人

各宗教信徒最多的國家是？

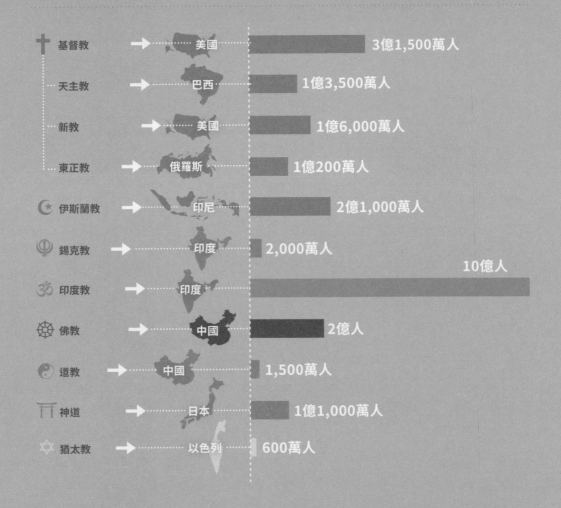

✝ 基督教	→	美國	3億1,500萬人
天主教	→	巴西	1億3,500萬人
新教	→	美國	1億6,000萬人
東正教	→	俄羅斯	1億200萬人
☪ 伊斯蘭教	→	印尼	2億1,000萬人
☬ 錫克教	→	印度	2,000萬人
🕉 印度教	→	印度	10億人
☸ 佛教	→	中國	2億人
☯ 道教	→	中國	1,500萬人
⛩ 神道	→	日本	1億1,000萬人
✡ 猶太教	→	以色列	600萬人

與宗教有關，但最不確實的數字

1,800 萬人

飛天義大利麵神教（Pastafarianism，編註：於 2005 年在美國誕生）是被荷蘭以及其他多個國家承認的一神教。這個宗教以「飛天義大利麵神」為主神，信徒會將進行儀式時使用的濾麵器戴在頭上，信徒在全世界據說有一千八百萬人，但再也沒有比這個人數更不確實的數字了。

信徒都在哪裡？

Where are
the Believers？

傳播
DIFFUSION

　　有些宗教存續了幾世紀甚至是幾千年，而
這些宗教的信徒如今都分布在哪些地區？又
能從這些分布看出什麼端倪呢？比方說，可
以發現基督教與伊斯蘭教與其他的主要宗教
不一樣，信徒都分布在距離發祥地（耶路撒
冷、羅馬、麥加）很遠的地區，但這或許代
表這些宗教具有強大的普世性，而且傳道人
也較有熱情（在此刻意不說成武力）。這些
信徒有時以祈禱為武器，有時則會一邊揮舞
著手中的劍，一邊宣揚教義。

基督教徒

伊斯蘭教徒

無宗教
其中包含大量信奉儒家思想的
中國人

印度教徒

佛教徒

民間信仰
於民族紮根的各種宗教

猶太教徒

其他宗教
巴哈教、道教、耆那教、神道、
錫克教……

12% 東正教

1% 其他教派
（摩門教、耶和華見證人……）

37% 新教

基督教徒在全世界宗教信
徒之中的比例

 31%

50% 天主教

13% 什葉派

伊斯蘭教徒在全世界
宗教信徒之中的比例

23%

87% 遜尼派

宗教的少數派

在全世界的宗教信徒之中,有四分之一的教徒在自己的國家是少數派。在粗略估算之下,有七成的佛教徒住在主要宗教非佛教的國家,不過沒有遇到什麼大問題。反觀巴基斯坦的基督教徒或羅興亞人(緬甸的伊斯蘭教徒),到現在則都還遭受著嚴重的迫害。

全世界	31%	23%	16%	15%	7%	6%

亞太地區	25%	24%	21%	12%	9%	7%	多
撒哈拉以南的非洲	63%		30%				多元性
歐洲	75%		18%	6%			
北美	77%		17%				
南美	90%		8%				
中東+北非	93%		4%				少

開宗之師是誰？
I 基督教、猶太教、伊斯蘭教

許多信徒其實很難接受「開宗祖師」這個概念，因為他們很難想像除了「神」之外，還有其他的創始者，不過嚴格來說，在全知的神與無知的人類之間搭起橋樑，並負責闡明真理的人理應存在，而這樣的人通常也被稱為「啟示者」或「使者」。

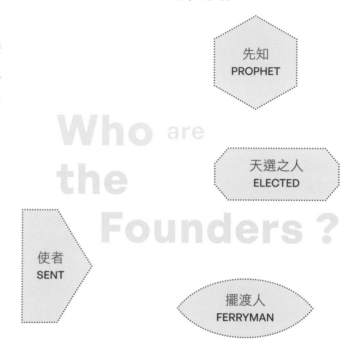

Who are the Founders?

先知 PROPHET

天選之人 ELECTED

使者 SENT

擺渡人 FERRYMAN

不可否認的是，宗教是一種與當下的環境及狀況息息相關的社會現象，因為任何宗教都是在特定的時空背景下成立的。不管是「永遠的宗教」還是「人造的宗教」，所有宗教都是在某個時代出現、登場與興盛。

在宗教出現之後，歷史便被分成「前」與「後」，而在新生宗教之中，佔據特殊地位的人，通常會在前面出現，而這種人常會被稱為「天選之人」「先知」「愛子」「王」「擺渡人」「使者」「半神」或「救世主」。

其實將這種人稱為「開宗之師」也沒那麼不正確，因為他們奠定了宗教的基礎，也讓每位信徒得知自己新的命運。換言之，比起信仰的開端，開宗祖師更與宗教組織能否形成有關。

或許是因為如此，每個宗教對於開

30歲	52歲	75歲	80歲
耶穌 （開始佈教）	穆罕默德 （hijra／聖遷）	亞伯拉罕 （從吾珥出發）	摩西 （出埃及）

宗之師的稱呼都不一樣，有些宗教甚至擁有多位開宗之師，這裡的開宗者比較像是「見證宗教形成的人」，而不是「創立宗教的人」。

接下來讓我們根據上述的內容，一一介紹各教的開宗之師。首先讓我們先從猶太教、基督教、伊斯蘭教這三個亞伯拉罕體系的宗教開始。

✣ 猶太教：亞伯拉罕與摩西

開以色列民族歷史之先河的人是亞伯蘭（Abram），之後被上帝改名為「亞伯拉罕」（Abraham），作為

他已是全新之人的立證。亞伯拉罕在《妥拉》（也就是被譽為猶太教律法書的《摩西五經》）的開頭，是一位歷經三個階段的核心人物，而這三個階段的行為也預告了一段冒險即將開始。第一個階段是服從呼召（上帝對亞伯拉罕說「你往我所要指示你的地去」，創世記 12:1）。接著要捨棄過去（「要離開本地、本族、父家」，創世記 12:1），最後則是出發（「亞伯蘭就照著耶和華的吩咐去了」，創世記 12:4）。

亞伯拉罕被譽為以色列人的始祖，

從亞當到耶穌總共幾代？

77代

《路加福音》的作者路加曾排出耶穌的族譜，若從亞當開始計算，總共有 77 代，若從大衛王開始計算，則有 28 代。同時期的使徒馬太在其著作《馬太福音》則記載為 42 代。

亞伯拉罕被譽為以色列人的始祖，也是三大一神教（猶太教、基督教、伊斯蘭教）之父。

也是三大一神教（猶太教、基督教、伊斯蘭教）之父。的確，亞伯拉罕（《古蘭經》中之名為易卜拉欣）之子以實瑪利與其母夏甲都被逐出其父的部族，在《古蘭經》之中，易司馬儀（也就是以實瑪利）被視為第一位伊斯蘭教徒，也是在西奈山領受十誡的摩西（穆薩）的祖先。

此外，摩西也被視為猶太教的開宗祖師。摩西是律法《妥拉》的守護者，也是從法老手中救出同胞，帶領同胞前往應許之地的人，並將民族之名從「希伯來」改成「以色列的子民」。

✠ 基督教：耶穌

耶穌也是亞伯拉罕的子孫，例如聖經就曾提到祂是耶西的血脈（以賽亞書 11:1），耶穌的養父約瑟是大衛王的子孫，而大衛王之父耶西則是亞伯拉罕的子孫。

那麼身為「開宗之師」的耶穌又有哪些特徵呢？第一個特徵就是「懷胎」。根據福音書的說法，耶穌是由童貞女瑪利亞受聖靈感孕而生，並非

瑪利亞與其夫約瑟結合而生。從天主教的傳承來看，瑪利亞於神子誕生的「前、中、後」都是處女。

第二個特徵是耶穌在人世的前半生幾乎都保持著平凡低調的普通人形象：在拿撒勒當一名木工，僅在最後三年才告訴自己的猶太同胞，他降臨於世的使命是為了帶來真正的救贖。

第三個特徵，也許是最令人困惑的一點，是在眾多開宗者之中，只有耶穌是唯一一個在生命盡頭徹底敗北的。當耶穌被釘在十字架之後，他的門徒便遭受來自各方面的迫害。儘管之後據信耶穌已復活升天，坐在全能父上帝的右邊（編註：右邊是代表尊貴的位置，意指耶穌已完成使命），並且永遠活著。

✥ 伊斯蘭教：穆罕默德

在伊斯蘭的教義之中，真主（神）是超越一切的存在，所以除了神以外，什麼都不需要，無論任何事物或人。

誦讀清真言是伊斯蘭教徒所必須遵守的五項基本原則（五功）之首，然而在清真言中，除了上述主要教義，竟還出現了一位人物之名，那就是穆罕默德（萬物非主，唯有真主，穆罕默德是真主之使）。

由此可知，穆罕默德絕不是普通凡人，《聖訓》也清楚指出，他是每個穆斯林都應該努力效仿的完美範本（這

伊斯蘭教先知的名字數量

201 個名字

在伊斯蘭教的傳承之中，先知穆罕默德被賦予了許多個稱號，例如意思為征服者的「fatih」，慈悲者的「ullah」，傳遞福音的「bashir」，都是穆罕默德的名號之一。

也是為什麼《聖訓》紀錄了他所有的言行，包括各種行為準則與道德規範）。

除此之外，他的一生也充滿著各種超自然的傳說。他既是商人、是旅行商隊的一員，也是部落首領、戰士、戰略家、政治領袖，還是家裡的丈夫和一家之長。總之，他是眾人之中獨一無二的存在，在伊斯蘭教淵遠流長的歷史傳承裡，這位才華洋溢的先知因此一共被賦予了兩百零一個稱號。

開宗之師是誰？
II 亞洲地區的宗教

要找出一個宗教的開宗之師有時不是那麼容易，尤其當該宗教是透過口耳相傳的方式傳承，而且傳承的內容還夾雜了神話與歷史的衝突，或是神話年代與人類曆法相違背的情況時，要找出創教者就更加困難了。最顯著的例子就是日本的神道以及亞洲最古老的各種民間信仰。

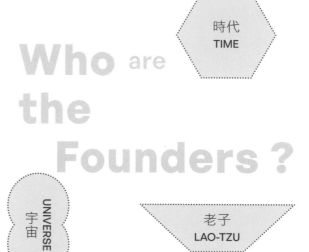

✤ 與印度教有關的幾個假說

要尋找印度教的創立者，並不是件容易的事。因為印度教已不僅僅只是「一門宗教」（依照現代詞彙的定義），而是涵蓋了眾多信仰、儀式、神話、哲學和文化元素，使其自成一個多重、豐富且難以捉摸的綜合體，影響廣泛，而且早已深植於印度這塊土地的浩瀚歷史之中，讓人無法界定出確切的形象。

那麼，我們該如何著手才能找到它的創教者呢？或者該問的是，「創立」印度教的人，真的存在嗎？或許不是沒有機會，但需要謹慎進行。

首先，我們要記住的是，在印度教中，代表神聖至高地位的三相神：梵天、毗濕奴和濕婆，會以化身的形式在人世間顯現。那麼，其中有些化身是否可以被認為是創教者呢？

有學者提出了某種假設：西元前二十世紀的摩突羅國（位於現今印度北方），毗濕奴的其中一個化身「黑天」曾降生於此，不但推翻暴政、降龍除魔，還挑戰了當時吠陀眾神之首

972 公里

這是沿著佛陀於人世的足跡，走遍各大聖地的距離總和。從①佛陀誕生之地藍毗尼（尼泊爾），行經②悟道之地菩提迦耶（印度）與③初轉法輪（首次說法）之地鹿野苑（印度），最後抵達④佛陀涅槃之地（拘尸那羅）。

中國

尼泊爾　藍毗尼　誕生之地
1
印度　　　拘尸那羅　涅槃之地
4
3　　　　　菩提迦耶
鹿野苑　　　　　　　悟道之地
初轉法輪之地　　　2

因陀羅的地位，在這個故事背後，似乎就隱約可以看到某個被神格化的歷史人物影子。而同一時期，毗濕奴的另一個化身「羅摩」，則可能是對應統治恆河流域、為人民帶來輝煌盛世的羅摩王（Rāma）。

但是話說回來，這些都只能算是模棱兩可的假說，但撇除這點，上述的傳說似乎也可說明，印度教並不是由一個特定人物所創立，而是經過漫長歲月的發展與演變，逐漸形成了現在的樣子。

✥ 創立佛教的悉達多

源自印度教的佛教最令人注意的一點，就是佛教的歷史與真實的人類歷史十分貼近。我們能知道它是在何時、何地創立，以及如何創立，又是為什麼會在西元前六世紀出現，全部都一清二楚，而且也知道開宗祖師是喬達摩悉達多。雖然身為王子的他是在奢華優渥的環境之中長大，但是當他發覺這世界其實存在許多苦難之後，便為了找出擺脫之道而毅然投入修行，並終於悟道（菩提），最後也得到了絕對的解脫——涅槃。

他之所以會被稱為「歷史上的佛

孔子與其後代子孫的人數

100,000 人

孔子（西元前 6～5 世紀）與其子孫埋葬在中國曲阜的孔林（孔子的墓地）的人數。

陀」，是因為他既是普通的人類，卻又是純粹而完美的覺醒者（佛陀），同時擁有兩種身份。之後他的教誨（佛法）更衍生出了許多宗教，而這些宗教有時候還會與其他的傳統宗教結合（例如中國的道教、日本的神道，甚至是西方的基督教）。

✛ 由中國睿智之士傳承的教義

承上所述，中國的道教與日本神道在某些地方的確很類似，兩者都具有靈活的可塑性，可以為了因應環境與時代轉變，而融入其他文化的儀式與習俗，同時又保有傳統信仰主軸，其中又以受佛教的影響最為顯著（有許多共通的神明與戒規）。

但若從道教祖師老子在其教義佔有重要地位這點來看，兩者就截然不同了。帶有泛靈論和巫術元素的中國民間信仰，雖然擁有悠長的歷史傳承，但直到後人在西元一七三年左右，將其融合了非凡思想家老子（西元前六到五世紀）的部分道家理念，才成就了現今意義上的道教。老子也因此被尊為道教的祖師（儘管非他所願），並被神格化（編註：太上老君）。另一方面，他的著作《道德經》至今仍是備受尊崇的哲學經典，但同時也被道教用來作為修行的法門與主要教典。

此外，還有一位與老子的地位相當，同時與中國傳統文化息息相關的智者，那就是眾所周知的孔子。老子的道家思想提倡保持生命能量（氣）的平衡，讓精神世界與物質世界保持協調，而孔子的論述則更偏向實用主義，他主張社會要保有一定程度的秩序與整體性，並建立實際的禮儀和生活規範，讓每個人都可以保障最低限度的幸福。

✥ 錫克教的開宗祖師古魯那納克 與第二祖師戈賓德辛格

相對的，當一個宗教的歷史不到一千年時（在這個領域之中算是少數派），就比較容易確定它的開宗祖師是誰。

錫克教就是這樣的例子。創立錫克教的是古魯那納克（1469～1538），而錫克教的教義與教規也受到創教之初的情勢不少影響。在十五～十六世紀時，旁遮普地區的蒙兀兒帝國君主，曾強迫信奉印度教的臣子皈依伊斯蘭教，而這些印度教徒雖然討厭將伊斯蘭教奉為唯一的宗教，卻也未全盤否認伊斯蘭教的教義，當時的那納克還是穆斯林國王的印度教顧問，為了解決兩大宗教之間的摩擦，他進一步探索宗教本質的奧秘，並從中體悟了新的方向，錫克教就此誕生。

他的第一條教導之語即表示：重要的不是成為印度教徒還是伊斯蘭教徒，而是要成為神的弟子。在旁遮普語之中，「錫克」就是「學生」、「弟子」之意。而神與至高宗教領袖則是「古魯」，也就是旁遮普語的「導師」、「啟蒙者」。

錫克教一共有十名導師具備古魯之名，第十位古魯是戈賓德辛格（1666～1708），他帶領錫克教真正脫胎換骨，說是第二位開宗祖師也不為過。他以平等與慈愛為基礎，拒絕形式主義與聖職者至上主義，並以此完備了整個錫克教教義（編註：因此在他之後不再由某個人擔任古魯，而是以教典《古魯·格蘭特·薩希卜》作為最後及永遠的古魯）。

於印度誕生的宗教

15世紀
錫克教

6世紀
近代的印度教

基督誕生

西元前6世紀
佛教

西元前7～6世紀
婆羅門教
（古印度教）

西元前10世紀
耆那教

西元前15～16世紀
吠陀信仰

印度的所有宗教都來自同一個吠陀信仰根源（與錫克教一樣，在吸收外部元素之後形成了新宗教），這些宗教有時共存，有時互相交替。

宗教的象徵符號有哪些？

I 基督教、猶太教與伊斯蘭教

What are Symbols ?

訊息
MESSAGES

圖像
IMAGES

IDENTITY SIGN
身分辨識

在識字並不普及的三四千年前以來，宗教主要都是透過圖像這個媒介傳揚教義，其中最簡潔有力的就是象徵符號，因為單純的符號不但容易複製，同時也能承載重要的訊息。

新月與星星

新月與星星是伊斯蘭教的標誌之一，雖然這些符號在伊斯蘭教誕生之前就為人所知，但隨著鄂圖曼帝國征服各地，新月與星星的符號也從此作為伊斯蘭標誌而四處傳遍開來。其中，五芒星象徵著伊斯蘭教的五柱（五功），新月則代表神聖齋戒月。

伊斯蘭教

阿拉之名

儘管伊斯蘭教禁止為神造偶像，卻鼓勵書寫神的名字。「阿拉」是從閃族語（Semitic）的語根「el」而來。同樣源自這個「el」語根的還有希伯來語的「神」（Elohim），早在穆罕默德之前的古老時代就已存在，並透過住在現今中東一帶的人們口中不斷傳誦。

基督教

凱樂符號

凱樂符號（the Chi-Rho symbol）是取希臘語「基督（Χριστός）」的頭兩個字 X（讀作 Chi）與 P（讀作 Rho）組成的符號。這個「花押字」（monogram）常另外加綴希臘語第一個字母的 α 與最後一個字母的 ω，作為基督「萬物開端與終結」的象徵。

十字

基督徒是唯一將神被人類拷問至死的工具作為神救贖世人而犧牲之象徵的信徒。彼拉多在寫有死刑緣由的罪狀書上，寫下了由「Iesus Nazarenus Rex Iudeorum（拿撒勒的耶穌，猶太人之王）」首字組成的 INRI，同時也將其製成橫木牌，置於十字架橫木的上方，這樣的形式又被稱為「洛林十字」（Cross of Lorraine）。

魚

在聖經與耶穌的生涯屢屢登場的魚，是基督教徒最初挑選的象徵符號。同時希臘語的「魚（ἰχθύς）」與信仰告白其中一節的「耶穌基督，上帝之子、救世主」（Iesous Xristos Theou Uios Soter）的每個字首字母相同。

大衛之星

由兩個正三角形疊合而成的六芒星，是非常古老的標誌。象徵著「大衛之盾」，大衛曾打倒巨人歌利亞，也是救世主彌賽亞的預言者。

猶太教

關鍵數字

1688 年

據說這是第一個胡格諾十字架（右圖）製作完成的年份，胡格諾派的法國新教徒會將這個圖案戴在身上，藉此與天主教作為區分（因為有著象徵聖靈的鴿子圖案），同時表明他們對國王的效忠（所以十字架的支架之間還有代表王室的百合／鳶尾花紋章）。

燈臺

燈臺（menorah）是典型的猶太教代表物，因為燈臺的製作是神下令的（出埃及記 25:31-40）。在耶路撒冷神殿的七燭燈臺，象徵著神的不滅存在，如今每一個猶太會堂與大多數的猶太教徒家庭中，都會放置燈臺。

宗教的象徵符號有哪些？

II 亞洲地區的宗教

「象徵符號」（symbol）一字源自希臘語，原本意為「用於識別的物品」，代表符號要能區分出兩方才有意義。自古以來，各宗教都非常重視其象徵符號，因為它不但是傳遞訊息的媒介，也是用來區分人間與神之領域的重要標示。

印度教

神聖音節

這個符號是由梵文音節「om（唵）」轉寫而來。根據印度教徒的說法，這個發音是宇宙的第一個聲音，也是最神聖的梵唱。這個音節也是佛教六字真言（mantra）「唵嘛呢叭咪吽」的第一個字。此真言也被譯為「歸命蓮華上之寶珠」或「妙哉蓮華生」。

錫克教

刀刃

錫克教的符號是由一把雙刃大刀（khanda）、一個非常古老的環刃武器（chakram），與兩把彎刃短劍（kirpan）組成。代表著神的叡智、造物主之力、神的唯一性與現世的兩面性（剎那性與靈性）。

神道

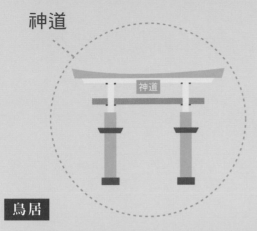

道教

太極

這是象徵著陰陽法則的知名標誌。從成對的男（陽）與女（陰），到成對的線（陽）與形（陰），這個圖案乍看之下完全相反，卻其實卻代表著彼此互補的現實元素。充分展現了中國傳統信仰中講求「調和」的精神。

鳥居

神道的鳥居為神聖空間做出了顯著的劃分。鳥居的建築形態就是門的樣式，是通往神界的大門，更是區隔神界與凡界的界線。因此，出入鳥居就代表進出凡界之中的神界，世界也得以保持平衡。

法輪

法（Dharma）是佛陀的教義，而為了讓眾生悟道，法必須於全世界普及（輪轉）。法輪也象徵著輪迴。

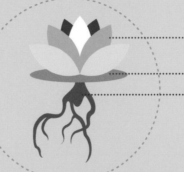

花：光明

莖：佛法

根：俗世

蓮華

蓮花代表的是悟道之路：扎根於泥濘（俗世），莖部在水（佛法）中展開成長，最後花瓣沐浴在陽光（光明）之下綻放。

佛教

關鍵數字

形成法輪的八條輪輻，其實是由四大輪中軸組成，象徵著被譽為「四諦」的四個寶貴真理，也就是苦諦（苦的現實）、苦集諦（苦的原因）、滅諦（滅苦的可能性）以及苦滅道聖諦（滅苦的方法）。

宗教如何闡述世界的起源？

　　許多宗教都有著傳說、神話或是流傳已久的迷信，各宗教的宇宙起源論述，也就是關於世界是如何產生的故事，都是奠基於這些傳說與神話而來。

無限
INFINITE

宇宙起源論述
COSMOGONIES

循環
CYCLE

How Do Religions Express the
Beginning of
the **World** ?

創世
GENESIS

　　首先是沒有所謂宇宙起源論述的佛教。佛教是講述「無常」的宗教，所以不太執著於宇宙的命運或是世界的起點與終點等事。真正重要的在於宇宙的「狀態」。比起實體，精神狀態才是構成宇宙的真正元素，而且這些元素也都只是一種象徵。根據最普遍的佛教教義，世界分成了欲界（慾望的世界）、色界（有形的世界）、無色界（非物質的世界）這三種狀態。

　　另一方面，日本神道雖然深受佛教影響，卻有其獨創的宇宙起源論述：日本列島是在伊耶那岐與伊耶那美這兩名神祇結合之後產生的。他們使用手中的矛將最初的泥土攪拌成固狀的大地，接著又生下日本最主要的女神，

1000年

這是「乳海翻騰」的時間。在印度教神話中，眾神用身體纏在須彌山的龍王婆蘇吉（Vasuki）作為絞繩（編註：也有一說是巨蛇那迦），山則為攪杆，然後輪流拉動兩端來轉動攪杆，以此持續攪動宇宙中心的乳海（力量與生命的泉源），目的是取得乳海中讓神長生不死的甘露（soma），在乳海翻騰的過程中，萬物與生命由此而生。

也是此後日本天皇的祖先與太陽之神——天照大神。

此外，在中國的傳說之中（包括道教、儒教、民間傳統信仰等等），最為人所知的宇宙起源論述則是創造天地的「盤古」以及萬物之源的「蛋」。這位創世神的身體各部分（氣息、聲音、眼睛、四肢、血、頭……）化成了宇宙森羅萬象，而人類則來自盤古身上的寄生蟲（出自《五運歷年紀》）。

✥ 印度教的世界起源

對於印度教徒來說，世界是神性的展現，是從一到多的一段過程，其中的原理可見於下列兩種傳說。

第一種傳說：世界會不斷地進行創造與破壞的循環，而所謂的造物神即是印度教的三相神（毗濕奴、梵天、濕婆）。傳說中，毗濕奴橫躺在象徵無限的巨蛇上入睡，肚臍生出了蓮花，花裡有著梵天，當梵天張開眼睛，宇

年輕地球創造論派
推估的地球年齡

6000歲

這是完全只從字面意思來解釋聖經創世章節的「年輕地球創造論派（Young Earth）」所主張的地球年齡。根據宗教學者賽巴斯汀法特的研究，相信這種說法的美國人至少超過一千五百萬人。

最初只有水。之後水中出現了一顆金蛋，創世神梵天從金蛋破殼而出之後，這個金蛋分成大地與天空，大氣則流入兩者之間

宙便隨著毗濕奴的夢境起始，另一位神祇濕婆則開始跳舞，加速引導著這個世界的毀滅，並讓創造與破壞的循環從頭開始；當梵天閉上眼睛，整個宇宙也將歸於虛無。

第二種傳說則講述我們今天身處的宇宙是源自一連串的事件：最初只有水。之後水中出現了一顆金蛋，創世神梵天從金蛋破殼而出之後，這個金蛋被分成了兩半，各自成為大地與天空，大氣則流入兩者之間，形成了三界（tiloka）。在這之上，出現了眾神居住的四個天界，大地之下，則出現了魔族與大蛇居住的七個地獄。大地的中心有座高聳的須彌山，恆星與行星都圍繞著這座山公轉。

而除了上述兩種傳說，印度教還有許多其他的宇宙起源神話，例如有梵天的身體被切成兩半後，最初的男性與女性分別從這兩半身體誕生的說法，還有較知名的眾神與生命是從攪拌乳海而來等說法。

$1/10^{415}$

這是一個 DNA 分子「自然形成」的機率。這個機率是由身為摩門教徒的生物學者法蘭克沙里斯堡（Frank Boyer Salisbury）研究後得出，DNA 是生命的基本單位，面對如此壓倒性「渺茫」的機率，沙里斯堡得出結論：生命只可能是經過刻意創造而來的，而這一切歸因於唯一神的創造。

✦ 聖經之中的創世論述

猶太教與基督教的宇宙起源論述都只有一種，那就是在《創世記》開頭，關於神於六天之內創造天地，以及照著自己的形象造人的故事。

猶太教與基督教的唯一差異，在於對前者來說，創造天地的是「唯一的阿多奈（adonai）」，意思就是「唯一的主」，後者則認為天地是由聖父、聖子與聖靈這三位一體的神所造。實際上，耶穌會傳道士吉恩丹尼盧（Jean Danielou）就曾在其著作《三位一體與實存的神祕》（La Trinite et le Mystere del'Existence，1968 年）提到，三位一體是「創造天地的原理與起源（中略），萬物因此有了實體」。

另一方面，聖經的宇宙起源論述也或多或少帶有些中東古老傳說的影子，其中最明顯的莫過於巴比倫的創世史詩《埃努瑪埃利什（Enûma Eliš）》（編註：裡面有許多情節與設定都與《創世記》類似）。其後屬於猶太教神祕主義流派的卡巴拉派大學者艾薩克盧里亞（Isaac Luria，1534 ～ 1572），也提出了神「收縮」（tsimtsoum）自身，讓宇宙得以有空間存在的說法（編註：類似概念也曾出現在《埃努瑪埃利什》之中）。

伊斯蘭教的宇宙起源論述也有相似的設定，其中心思想主要來自古蘭經的啟示，以及伊斯蘭教形成之前的阿拉伯神話。而在伊斯蘭教正統教義之外，還有許多流傳於民間的神話故事，像是傳說阿拉的寶座位於萬物之初，在一片混沌之中萬物萬象無所差別，是造物主從中創造了世界、七層天、七層地、星辰、太陽與月亮，另外還有阿拉從神殿克爾白（al-Ka'bah，又稱卡巴天房）中開始創造世界的故事等等。

既然有神存在，
為什麼還會有惡魔？

在討論神之正義的《神正論》（Essais de Théodicée sur la bonté de Dieu, la liberté de l'homme et l'origine du mal，1710）一書中，作者萊布尼茨如此區分了三種「惡」：分別是「棲宿於單純的不完美（萬物有限的資質）的形而上罪惡」、「棲宿於苦痛的物理性罪惡」以及「棲宿於罪孽的道德性罪惡」。萊布尼茨還進一步拋出每個人都會有的疑問，那就是「既然有神，那麼罪惡從何而來？為什麼神允許罪惡存在？」

是缺乏還是一體的兩面？
ABSENCE OR REVERSA OF THE PROPERTY ?

正義
JUSTICE

If God Exists,
Why is There

Evil in the

World ?

PARADOX
悖論

漠不關心
INDIFFERENCE

各宗教回答這個問題的答案大致分成兩種，一種是「罪惡是善良的另一面」，另一種則是「罪惡是善良的闕如」。

前者代表罪惡與善良是同樣的存在，就像是硬幣的正反兩面。在不同的宗教之中，罪惡有不同的定義。比方說，深受佛教影響的中國與日本傳統信仰，就認為世間有無數種超自然的邪惡實體存在，其中最猖獗的就是會戲弄人類與帶來各種不幸的鬼或妖怪。

✢ 包含罪惡的世界秩序

在伊斯蘭教之中，阿拉同時創造了惡與善，《古蘭經》提到，神「以靈魂及使它均衡」（完美地造出了靈

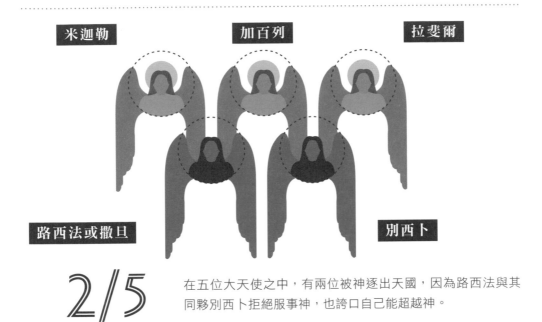

米迦勒　　　加百列　　　拉斐爾

路西法或撒旦　　　別西卜

2/5

在五位大天使之中，有兩位被神逐出天國，因為路西法與其同夥別西卜拒絕服事神，也誇口自己能超越神。

魂）、「並啟示他善惡者發誓」（並啟示了他的惡和善）（出自古蘭經 91 章 7-8 節）。我們該如何解釋這段教義呢？神會事先定義誰是惡人嗎？再怎麼說，全能的神無需向任何人交代（「他自己的行為，不受審訊」，古蘭經 21 章 23 節）。還是說，為了迫使人類選擇良善，神才創造了邪惡呢？

另一方面，印度教認為，無論是與人類意志無關的罪惡（包括物理的罪惡與形而上的罪惡），還是人類刻意為之的惡行（指道德層面的罪惡），都並非異常或失去秩序之事，甚至認為，這世界若缺少了這些罪惡就無法正常運作。但其中刻意為之的惡行，也就是道德層面

的罪惡會使罪業（karma）加重，進而產生因果報應，並因此決定其後輪迴的命運。所謂的輪迴，是指連續轉生的循環，人類會在死後，依照生前的行為轉生為「地上的爬蟲、昆蟲、魚、獅子、豬、蛇、虎或人類」（奧義書 1:2）。

而佛教對於罪惡的定義，主要參考了印度教的基本概念，但是更進一步強調悟道的重要，這也是佛門弟子的目標，因為只要能開悟，就不會再對善與惡有任何執著和牽連，而從此解脫輪迴。

✥ 缺乏良善的罪惡與人類的原罪

另一種對罪惡的定義是「罪惡是善良

7 是罪惡的數字。這數字就像是個監獄，神將人類所有的過錯都塞進這個數字。

維克多雨果在其詩《7，罪惡的數字》（出自《凶年集》，L'Année terrible，1872 年）如此說到。在此提出的 7 是指在 1870～1871 年普法戰爭，率軍包圍巴黎的敵軍普魯士的七大公。

的闕如」，而這讓人更難以理解。這是一種從否定的角度定義罪惡的方法，換言之，沒有所謂的罪惡，只是缺少了善良。

這種主張是一種悖論，因為如果替這種不存在的事物命名為真，那麼不存在的事物不就因此擺脫了不存在的狀態？換句話說，既然存在著一個特定的名詞能用來指代這項事物，那麼不正代表這項事物具有存在實體嗎？

不過，真的有宗教將罪惡定義為「善良的闕如」。對基督教徒來說，神所創造的一切都是良善的，因為神本身就是善，是一切存在的起源，所以無神就是罪惡，也是一種虛無。

猶太教的多個分支也共享著這種與罪惡有關的定義。立論基礎在於《妥拉》用來描述神的文字：「你眼目清潔不看邪僻，不看奸惡」（哈巴谷書1:13）。

接著是剩下的兩個疑問。第一個疑問是，支配萬事萬物的神為什麼要保留「未被支配」的部分？第二個疑問是，我們又該如何看待撒旦、路西法或別西卜這類惡魔的存在呢？

就第一個疑問而言，猶太教與基督教將物理層面的罪惡與道德層面的罪惡視為不同的罪。所謂物理層面的罪惡是指在創世之際，作為能量協調的一部分而發揮著作用，「就某種層面來說，這是一種視邪惡為必要之物的

在處理佛教對於罪惡的定義時，其實可參考印度教的概念，但是說到底，該進一步強調的是悟道，這也是佛陀弟子的目標，因為只要能開悟，就不會再對善與惡有任何執著。

秩序與設定」（奧古斯丁《論秩序》De ordine 1,7:18」，簡單來說，物理層面的罪惡更像是驅動世界機器的一個齒輪。

道德層面的罪惡則可用「人類的自由意志」這個答案回答。神雖然希望人類愛祂，卻無法支配人類的意志。若要支配人類的意志，就不能要求人類的愛。人類行惡事是為了逃離神的支配，而這一切源自歷史黎明時期發生的禍端，也就是所謂的原罪。

史上的第一個人類「亞當」沒有聽從神的指示選擇良善的道路，而最明顯的惡行就是他吃了禁果，這讓亞當開啟了內在的另一個世界，也就是可容納罪惡的世界，而這個世界也從此代代相傳。

誨人不倦的神無論如何都想將自己親手創造的人類導向良善的道路，但天使界的亞當，也就是撒旦（路西法）卻在不同的時代與場所出沒，想要操控人類並動搖神的地位。撒旦原本是服事神的僕人，但卻想成為神，而率領其他的天使離開天國。

不過即使有了上述的說明，我們也不能忘記邪惡終究是難以簡單定義的，正如聖經就曾用「不法的隱意」（帖撒羅尼迦後書，2:7）這樣的說法，來描述邪惡的難解與神秘。

代表邪惡化身的數字

在門徒約翰所著的《啟示錄》之中，三個六代表「獸名數目」。關於這個數字的起源眾說紛云，一說認為，將這個數字與文字以複雜的機制對應之後，這個數字就代表尼祿。尼祿是於西元一世紀迫害基督教徒的羅馬皇帝，在新約聖經的編寫者們眼中，他就是邪惡的化身。

「罪惡是善良的闕如」這個另一種罪惡的定義則讓人更難以理解。這是一種從否定的角度定義罪惡的方法，換言之，沒有所謂的罪惡，只是缺少了善良。

宗教的經典有哪些？

What are the Sacred Texts Like ?

吠陀經
VEDA

古蘭經
THE QURAN

聖經
THE BIBLE

所有的主流宗教都有其「神聖的話語」，而且都透過了文字傳承下來。這些文字不僅受到推崇，也在時間長河中被反覆推敲，自十九世紀之後，還成為科學分析的對象，這些文本的來龍去脈也因此逐步釐清，意義也得以闡明。當傳遞資訊的路徑與媒體遍及整個地球，也越來越多元之後，這些經典便得以大範圍地流傳。在此列舉的幾項資訊，也正好可看出能引領人類與神相遇的典籍，實際上如繁星般存在。

70 人

傳說中，西元前三世紀的埃及法老王托勒密二世，曾要求七十位拉比各自將希伯來語的聖經譯成希臘語，結果這七十位拉比的譯文完全相同，這也是神的話語沒有任何改變的證明，此版本的聖經也被稱為《七十士聖經》。

11,700,000 美元

這是世界最貴的聖經價格。這本十二世紀的聖經來自獅子亨利公爵（編註：神聖羅馬帝國的公國君主），使用極為精美的泥金裝飾手抄技術。

81,258 片

這是於十三世紀刻成的高麗八萬大藏經的木板片數。這部大藏經是於高麗所著的三藏（語源是梵文的 tripitaka，意思是「三個收藏品」）的集大成。三藏是分成三大類的佛教經典，分別是與佛陀的對話（經藏）、僧人的生活戒律（律藏）與佛典教義的註釋（論藏）。

20,023 節

吠陀經是作為印度教原點之經典的集大成。根據傳說，多位智者在得到眾神的啟示後，將其傳達給已通曉奧義的門徒，最後才彙整成文字記錄下來。主要由三個部分組成，分別是《梨俱吠陀》、《娑摩吠陀》與《夜柔吠陀》。有時候會加入後來編撰的《阿闥婆吠陀》。這四個部分的節數多達 20,023 節。

500 公斤

這是全世界最大古蘭經的重量。阿富汗的書法大家耗費五年時光，於 2012 年完成這本鉅著。這本高 2.28 公尺，寬 1.55 公尺的古蘭經為了以皮革裝幀，還犧牲了二十一頭山羊。

6,236 節

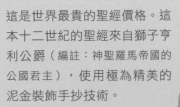

這是採用庫法派（Kufa）分節法得出的古蘭經節數。庫法是伊拉克的都市名稱，也是於七世紀建造、全世界最古老的清真寺座落之處。

宗教尋求的是幸福還是真理？

到底是神創造人，還是人類造了神？

奧地利心理學家佛洛伊德（1856～1939）曾對此斬釘截鐵地提供了答案：「人類為自己創造了令自己恐懼的神，一方面試圖贏得神的撫慰與青睞，同時也將保護自己的責任擅自轉移給神。」（《一個幻覺的未來》，1927）。另一方面，無神論者也堅信：是人類造了神，而非反過來。較為理性中立的無神論者，則可能會這樣補充說明——說到底，人類也是為了自己的幸福才去造神。

生存之道
ART OF LIVING

救贖
SALVATION

Which Do
Religion Explore
Well-Being
or Truth ?

罪惡
SIN

智慧
KNOWLEDGE

無神論者與宗教信徒的對立是理所當然的，彼此之間思想的差異也很明顯。但當信徒們主張神（為了方便說明，在此先使用單數）不僅存在，還是為了促進人類幸福而存在的時候，真正的難題出現了，無神論者與宗教信徒的歧異，此時開始變得曖昧。

若是回顧歷史就會發現，上述這種宗教觀念之所以成形，與真偽、善惡這種以二元對立為正統的龐大知識體系消失有關（可參見李歐塔《後現代狀態：關於知識的報告》，1979）。從此宗教不再是追求真理或是獲得救贖的手段，而成為了一門生活——且最好是幸福的生活——藝術，展望的目標也不再是遙不可及的彼世或天界，而是近在眼前的現世。

實際上，在現實之中也早已出現不

125 個醫學系之中的
70 個

冥想是一種內自省，是我們與自身不可見領域對話的方式，屬於精神領域的行為。根據過去三十年無數的研究指出，冥想可有效對抗憂鬱症與相關疾病，也因此，現在美國 125 個醫學系之中，就有 70 個提供靈性（spirituality）相關的研習課程。

少宗教相關活動可證實這點。其中之一就是西方世界對佛教教義的吸收與挪用（當然，佛教本身也是很適合的對象，原因後述）。對崇尚後現代主義與個人主義的歐美社會來說，人常常需要與來自各方各界的壓力對抗，也不斷地被莫名的罪惡感糾纏，而佛教正是最能紓解這種情緒的宗教。

與此同時，一種重視「心靈療癒」的基督教派（feel-good christianity）也開始興起，它融合了靈性主義與心理學，並將「罪惡」的概念置換成「傷痕」的概念，提倡個人成長以及自我實現，是以自我為中心重新解釋屬靈傳統。而這樣重視靈性的熱情，從以

前古墨西哥托爾特克文化的薩滿主義，到十四世紀萊茵神祕主義者的「現代虔誠運動」（devotio moderna），都可見到類似的影子。

✥ 不認同個人至上的宗教

話說回來，上述的潮流很難得到所有宗教的認同，尤其是堅守教義，或是自詡為天命守護者的宗教來說，是絕對不可能認同上述概念的。最具代表性的就是亞伯拉罕體系宗教，就某種層面來說，吠陀體系宗教也是其中之一。嚴格來說，這些宗教都不認同個人至上主義。

除此之外，不管是哪種宗教，都將

規模最大的天主教修道會
道明會的會員人數

50,000人

這是全球道明會修士與修女的總人數。道明會是由聖道明於 1216 年創立的組織，也是在天主教修道會之中人數最多的組織。該會的信條「真理」說明了道明會存在的理由。

哪怕沉思本身具有物質上的目的或是與許多物理事物有關，仍屬於知性的行為。

團體視為信仰制度的基礎，也是神所喜悅的，同時社群也是實踐宗教的主要領域所在。對猶太教來說，信仰社群就是所謂的以色列民，基督教則為教會，伊蘭斯教則是烏瑪（umma），在佛教則為僧伽（與佛陀、佛法並列為「三寶」，簡稱佛、法、僧），在錫克教則為卡爾薩（Khalsa）。就某種意義來說，印度教的種姓制度「瓦爾那」（varṇa）也算是一種信仰社群。

✥ 所有宗教都主張知性

另一方面，對所有信徒來說，與宗教密不可分的就是「沈思」。「沈思」屬於一種形而上的知性活動，即使沈思的對象通常具有物質上的目的，甚至沈思本身也是一種物理性的行為。因此嚴格來說，沈思並不是單純的感官運動，目標也不在於感受幸福。

但就算如此，這並不意味著實踐信仰的目標不在於讓個人得到啟發（或是得到救贖）。當然，也不是所有的宗教都將救贖視為最終目的，比方說對佛教徒來說，救贖就不是最主要的，而基督教徒或伊斯蘭教徒則不同。

正確來說，所有宗教都主張「知性」（或可說「智慧」），強調知性活動也不只是希臘宗教體系或中國道教的傳統。一方面知性被認為「無法與感性分離」（「越是直接來自感官

1,200 萬本

《打破人生幻鏡的四個約定》（The four agreements，唐 · 米蓋爾 · 魯伊茲，》是療癒系宗教（feel-good religion）的代表著作，而上述的數字是這本著作在全世界的累計發行本數。該書是從傳至墨西哥的薩滿教得到靈感的自我啟發書。

的知識，其確定性就越高」，出自新教哲學家暨近代教育學之父康門紐斯《大教學論》，Opera didactica omnia，1657 年）。

另一方面，借用在猶太教與基督教皆造詣極深的哲學家西蒙娜薇伊（Simone Weil）的名言，知性也意味著「為超脫做好準備」（出自《關於科學》一書中的〈新科學的基礎〉，1932-1942）*。不過，充其量知性只是使我們準備好超脫，並非獲得了超脫，這中間需要對邁向真理投入努力與實踐，尤其當所面對的真理具有宗教或道德性質，甚至兩者兼具時，挑戰也會變得更加嚴峻。

看起來，這與後現代主義追求的個人安慰完全背道而馳。當現代的西方人聽到法國布蘭卡太后如此對自己的兒子（後來被教會封為聖人的路易九世）說：「孩子，我愛你勝過我的生命，但我寧願看到你死去，也不願見你陷入無法被寬恕的罪惡之中。」，不曉得會作何感想？

* 原題名為〈Du fondement d'une nouvelle science〉，出自《關於科學（Sur la science）》一書，皆為暫譯。

宗教與道德有關係嗎？

再也沒有比道德這般更曖昧且難以獲得共識的觀念了。就連「必須遵守的一套規則」這樣簡單的定義，都會引發一個又一個疑問。

在這些疑問之中，列在天字第一號的問題或許會是「這些規則到底從何而來？」，而當我們如此提問的瞬間，「宗教」就悄然出現了。

伊斯蘭教法
SHARIA

世俗法律
CIVIL REGULATIONS

猶太教
成人式
MITZVOT

How Does
Religion
Relate to
Morality ?

神的戒律
DIVINE COMMAND

其實，只要是在擁有主流宗教的地區，其道德基準幾乎都與神的戒律直接或間接相關，無論是個人的道德還是團體的道德都是如此。對於宗教與道德如此密不可分的關係，有些人會覺得沒有什麼好討論的（從以前不就是這樣？），有些人則對此高興地大書特書（有人比神更了解何者為善，何者為惡嗎？）；也有些人不予認同

（我不信神，別把那些神的律法加諸在我身上），更不用說還有些人囿於「人類擁有絕對的自主性」這個幻想，連團體公認的道德準則都拒絕接受（本大爺就是法律！）。

✤ 道德紮根於宗教嗎？

不可否認，大多數人類社會裡的道德準則，從最單純的風俗習慣到正式

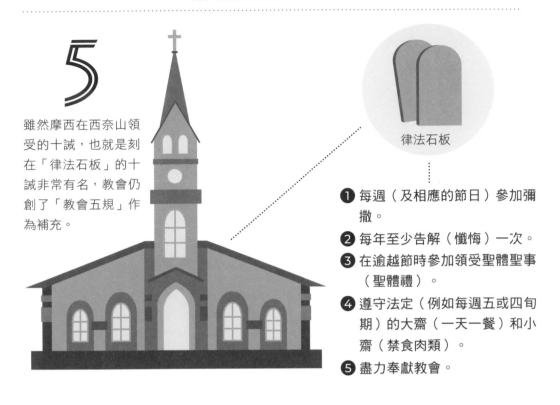

雖然摩西在西奈山領受的十誡，也就是刻在「律法石板」的十誡非常有名，教會仍創了「教會五規」作為補充。

律法石板

❶ 每週（及相應的節日）參加彌撒。
❷ 每年至少告解（懺悔）一次。
❸ 在逾越節時參加領受聖體聖事（聖體禮）。
❹ 遵守法定（例如每週五或四旬期）的大齋（一天一餐）和小齋（禁食肉類）。
❺ 盡力奉獻教會。

的法律，都或多或少起源自宗教。遵循這套規則的道德譜系之中，也包含了所謂的「自然法則」（「所有人類都有是與非的直覺，而且不管是誰，都覺得這種直覺很自然且共通」，出自亞里斯多德《修辭學》，Ars Rhetorical，I:13）。宗教的信眾會依據各自教派的理論，再加上生物學或形而上學的角度，將自然法則解釋成由創造大自然的神所設定的律法。對基督教徒來說，現今歐美的法理與道德價值觀，理所當然是源自聖經的福音書。活躍於十八、九世紀的法國作家夏多布里昂，就曾在近代化的全盛時期大聲強調過這點：「我們的公民制度對於基督教的規則負有極為重大的義務，雖然很難完全遵守，但還是極有遵守的價值」（《基督教精髓》，Le Génie du christianisme，IV，6:10，1828 年）。

而在印度地區，印度教與伊斯蘭教的道德影響力非常大。但也有些日常

猶太教律法《妥拉》的內容

248
肯定性的戒律

365
否定性的戒律

613 條戒律

根據《塔木德》（編註：統整猶太教口傳律法的重要經典），在《妥拉》之中，由神頒布的肯定性戒律（也就是該遵守的戒律）共有 248 條，否定性的戒律（也就是不該犯的戒律）共有 365 條。中世界偉大的哲學家暨猶太神學家邁蒙尼德在其著作《戒律之書（Sefer Hamitzvot）》，就曾列出了所有肯定性與否定性的戒律。

信仰在現實中主要表現於神性與人類的關係，其次則是道德。

發生的問題，無法由兩個宗教共同界定的民法法典處理，所以這兩個宗教社群也各自擁有屬於自己的公民法。

順帶一提，在伊斯蘭教徒佔多數的社會中，伊斯蘭教法（Shari'a，原本的意思是「道」，但也可以譯成「法」）通常就是當地道德準則的主流價值觀，同時也會是明定的法律基礎，即使是在高舉世俗主義的地方也是如此（例如穆罕默德・艾爾・沙達特執政時的埃及）。

✥ 道破宗教與道德之間關係的哲學家

話說回來，所有宗教領袖都會主張「道德不是信仰的最核心」（當然，其中有些人主張的力道可能更強烈一點）。事實上，信仰更注重的是與神有關的互動和行為準則，而非道德：在人類的經驗範圍之中，宗教一直都是用來彰顯神性（或超脫一切的力量）的工具。

也因此，在猶太教與基督教之中，道德的「善惡對立」位階從屬於神學的「生死對立」，這可以從下列各種經典看出這點：比方說，《申命記》（舊約聖經的其中一卷）就曾提到「我將生死禍福陳明在你面前」（30:19）。另外還有十六世紀的天主教偉大神祕思想家聖十字若望的著作《光與

愛的格言》（Les Dits de Lumière et d'Amour，64）也提到「當人生進入黃昏之時，我們將被愛審判」。抑或十九世紀的聖女小德蘭在《最後言談錄》（Derniers entretiens，黃色筆記，1897 年 7 月 11 日）留下的話：「就算我們犯了各種的罪，我的信心也永遠不會改變。即使把所有背棄神的罪放在一起，也只是如同落在炙紅炭火的一滴水一樣微不足道」。

而在佛教的經典裡，也能找到類似的論述。佛陀在《法句經》（39 偈）就提到「心無貪與瞋，逾越善惡業，精勤之覺者，心中無畏懼」（心中堅定，不再受慾望干擾的人，將從此無所恐懼，也超越了善與惡的輪迴）。

再者，「是道德？還是宗教？」這樣非黑即白的爭辯，基本上就不太自然，法國哲學家亨利柏格森曾就這點一針見血地發表了看法：「與封閉性的道德（外部加諸的義務）相對應的是靜態的宗教（以支配為目標的信仰）；開放性的道德（對英雄主義的呼喚）對應的則是神祕的宗教（通向神的個人道路）」（《道德與宗教的兩個泉源》，Les Deux Sources de la morale et de la religion，1932 年）。

贊成道德課程的法國人比例

70%

2014 年，當時的法國教育部長文森特培隆曾提議恢復道德課程，百分之七十的法國人表示贊同這項政策（出自《Marie Claire》的調查）。

心無貪與瞋，逾越善惡業，精勤之覺者，心中無畏懼

——《法句經》39 偈

何時，慶祝什麼？

When and What to Celebrate ?

菩提
BODHI

光明節
CHANUKAH

耶誕節
CHRISTMAS

	1、2月	3、4、5月
猶太教		普珥節（流落波斯帝國的猶太人被拯救的節日） 逾越節（猶太教的復活節，希伯來人逃出埃及的節日）
基督教	主顯節（東方三博士對剛出生的耶穌朝拜） 聖灰星期三（四旬節的起始日） 	聖週：棕枝主日、濯足節（基督最後的晚餐）、耶穌受難節（基督被審判與釘死的日子） 復活節（基督復活） 耶穌升天節（慶祝耶穌升天，回到父神身邊） 五旬節（慶祝聖靈降臨在信徒身上）
伊斯蘭教*		夜行登霄節（穆罕默德顯現神蹟之日）
印度教	薩拉斯瓦蒂節 （辯才天女節）	濕婆節（偉大的濕婆之夜） 侯麗節（五彩節、灑紅節） 印度曆的新年
佛教	藏曆新年（西藏的新年） 萬佛節（紀念佛陀說法）	衛塞節（紀念佛陀誕辰、悟道、入滅）
道教	農曆新年 元宵節（燈節）	太上老君聖誕 （老子的節慶）
神道	元日（日本新年）	祈年祭（祈願五穀豐收）
錫克教	第十位古魯（戈賓德辛格）誕辰	錫克教的新年 與豐收節（同時慶祝正統派設立）

72

宗教是瞬息萬變的「物質世界」與永恆無限的「精神世界」之間的橋樑。翻開一整年的節慶月曆，就能看到介於永劫回歸到末世應許之間，宗教與時間的相關性

註：伊斯蘭是以太陰曆為基準，每年的節慶都會往後延十四天，也因此在伊斯蘭教徒的一生中，同一個節日可能會在不同的季節慶祝。

各宗教的節慶月曆

6、7、8月	9、10月	11、12月
五旬節(七七節)(摩西受領《十誡》之日)	**羅什哈桑納**(猶太新年，又名吹角節、歲首節) **贖罪日**(Yom Kippur) **住棚節**(Sukkot) **妥拉節**(慶祝律法的節日)	**光明節**(慶祝奪回耶路撒冷的節日，又名燭光節)
聖母蒙召升天日(在東正教將升天稱為「安息」)	**宗教改革日**(記念新教提出《95條論綱》的慶典)	**諸聖節**(紀念殉道者和聖人) **追思已亡節**(緬懷先人) **聖尼古拉節**(守護孩子的聖人的節日) **聖母瑪利亞無染原罪瞻禮**(慶祝瑪利亞無原罪的慶典) **耶穌誕辰**(耶誕節)
拉瑪丹(齋戒月) **開齋節**(結束齋戒)	**宰牲節**(古爾邦節、忠孝節，記念易卜拉欣的奉獻) **穆哈蘭**(回曆新年) **阿舒拉節**(記念第三代伊瑪目候賽因殉難的日子。什葉派會在這天開始服喪四十天)	**穆聖誕辰**(穆罕默德誕辰)
黑天神誕生日	**象頭神節**(象頭神的誕辰) **九夜節**(夏克提的慶典，崇拜女性神聖之力) **排燈節**(羅摩戰勝邪魔回歸之日)	
		成道日(紀念佛陀悟道菩提)
	祭孔大典(孔子誕辰、教師節) **中秋節**(團圓賞月)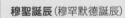	
大祓(驅逐災害或瘟疫的儀典)	**神無月**(出雲大社所在之地則為神在月)	
	錫克聖典(古魯‧格蘭特‧薩希卜)**紀念日**	**第一位古魯誕辰**(那納克，錫克教開宗祖師)

教徒在哪些地方向神祈願？

在法文裡，「神（dieux）」與「場所（lieux）」這兩個單字不但發音與拼字類似，而且在歷史文化裡也是息息相關的，觀察克羅馬儂人（Cro-Magnon，舊石器時代晚期的智人）的史跡可以發現，神祇總是與特殊的場所密不可分，除了天體之外，這類場所還包括各種大小山丘頂點、交叉路口、岩石、森林，甚至之後還演變出崇拜眾神的專用場所，也就是所謂的「聖域（sanctuaire）」，這個詞語源自拉丁語的動詞 sancio，意味著「奉為神聖」與「禁止」。

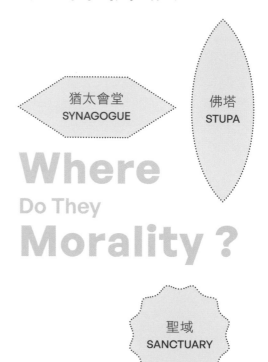

所謂的「聖域」，原本就是意指一處與其他空間特別區隔開來的獨立場域，周圍彷彿有著無形的界線存在。每個宗教都至少擁有一個以上這樣的神聖場所，這也是所有宗教間的共通點之一。而根據這些聖域的不同特徵，以及所代表的信仰與價值觀，我們還可以將宗教進行如下分類。

✢ 聖所，一處特別的空間

首先是「符號性質」的宗教聖地，其中比較具代表性的是佛教。事實上，有許多佛教的聖地和朝聖地點，既不是神的「住所」，也不是人的，而更像是一種象徵，舉例來說，在印度常可見到外觀如同圓頂金字塔、又像是大型吊鐘的佛塔，這種佛塔的內部是實心的，因此信徒無從進入佛塔裡與

62 次

被日本神道定為所有神社本宗的伊勢神宮，自西元 690 年起，為了讓神的空間保持能量潔淨，每二十年會將建築進行解體，然後再以全新材料重建成相同的構造，最後請天照大神移駕新殿，整個儀式稱為「式年遷宮」。現在的社殿是於 2013 年的第 62 次遷宮所建。

神佛進行交流，相對的，佛塔的建造意義更接近於紀念碑，要信徒身處芸芸眾生之中，從外部遙望壯麗的佛塔，藉此思考自己的人生處境、需遵守的儀式與職責，以及身為轉瞬即逝個體的無常命運。

　　與「符號性質」對比的是「留住性質」，例如猶太教、基督教、伊斯蘭教、印度教都是其中之一。其中「住」（Abide）這個動詞更是在《聖約翰福音》中經常出現（編註：耶穌曾告訴門徒要「住在我裡面」）。在這些宗教之中，「留住」在「特定場所」的行為（包括天國、天堂、神的宮殿、印度教則是德瓦洛卡 devaloka，也就是眾神的世界），是信仰之路的真正終點。禮拜堂與教堂則是這類場域的表徵或

是預兆，但與此同時，信徒也必須時刻提醒自己，不可過分崇拜這些場所，或甚至視其為偶像，而遺忘了信仰的本心。

　　基於同樣的理由，伊斯蘭教的《聖訓》才會提醒信徒要記住「真主的跡象無處不在」。也因此，位於麥加中心地的克爾白（Caaba）雖然具有「哈吉」（一生至少要完成一次的朝聖之旅）的神聖地位，但原因是為了讚揚神願意耐心教導自己所造之物的事蹟，而非因為建物本身。

聖域原本就是與其他空間一分為二的場域。

位於地底的禮拜堂

地下 101 公尺

這是聖金加教堂（Saint Kinga's Chapel）在波蘭維利奇卡鹽礦坑之內的深度。這座教堂的另一個特別之處，在於構造與裝飾（雕像、照明燈具、浮雕）全都是以岩鹽雕刻而成。

✥ 作為信仰的路標

　　另一點值得注意的是，「留住性質」的聖地或禮拜堂，其所擺設與擁有的器具，也往往反映了各自的教義與「留住」的觀點。

　　比方說，天主教與東正教的教會一定會在高壇（以柵欄圍起來，比地面高一階的場所）配置祭壇與聖體櫃。祭壇是用來舉行象徵基督流血犧牲的聖體聖事，而聖體櫃（或聖體盒）則是用來保管視為聖體的無酵餅，聖體盒的造型有塔形、杯形或鴿形（象徵聖靈，尤其常見於東正教會），聖體櫃的外觀則比較類似小房子或帳篷（呼應聖經多次出現的一句話：「上帝支搭帳篷在我們中間」）。而不信奉聖體聖血教義的新教徒們，則以置放聖經的聖經台取代了祭壇與聖體櫃。對新教徒來說，聖經象徵的是真正的「靈糧」。

　　在清真寺中，朝向麥加方向（基卜拉）的牆壁處，都會特別設置名為米哈拉布的華麗雕花壁龕，提醒信徒回想穆罕默德在麥地那帶領首批追隨者祈禱的事蹟。此外，大型的清真寺通常還會設有叫做敏拜爾（minbar）的宣諭臺，伊瑪目（領袖或教長）會在星期五的時候，在上面進行呼圖白（嚴肅地宣講教義）。

　　而在猶太教的猶太會堂，聖所中央通常會放置著講台（有的具有邊柱與頂架），阿什肯納茲猶太人稱為「bimah」，塞法迪猶太人則稱為「taivah」。這個講台主要用來朗誦猶太教律法書《妥拉》。《妥拉》卷軸則會收在妥拉櫃（象徵約櫃，也被稱為「聖櫃」）中，櫃前掛有帷幔（parokhet），代表著正是在古代以色列人建造的耶路撒冷聖殿中，將聖所（信徒可到之處）與至聖所（神在祂百姓中的居所）隔開的帷幔。

世界最大的聖堂

最大的印度教寺院

1 **斯里蘭甘納薩斯瓦米寺(毗濕奴廟)**

631,000平方公尺 斯里蘭格姆(印度)

最大的清真寺

2 **禁寺(麥加大清真寺)**

401,000平方公尺 麥加(沙烏地阿拉伯)

最大的佛寺

3 **婆羅浮屠**

42,000平方公尺 爪哇島(印尼)

最大的教會

4 **聖彼得大教堂**

21,000平方公尺 梵蒂岡(羅馬)

最大的錫克教寺院

5 **斯里古魯辛格薩卜薩索撒爾**
(SRI GURU SINGH SABHA SOUTHALL)

6,000平方公尺 倫敦(英國)

最大的猶太會堂

6 **以馬內利會堂**

3,500平方公尺 紐約(美國)

在這些宗教之中,留住在特定場所的行
為,才是信仰之道的真正終點

信徒向神祈禱時會說什麼？

Ⅰ 一神教

What Do Believers
Say to Their God ?

　　與內容固定的聖歌或教典不同，信徒向神表示崇敬與請求時所用的話語，除了舉行儀式時的制式文句（通常具有特定的語句與表達方式），還包含了普遍使用或自由發揮的各式祈禱文，而這兩者也同時加強了宗教與信徒之間的緊密結合。另一方面，這些儀式用語與祈禱文，也為所屬的宗教保存了大量的紀錄，例如從儀式用語中，依稀可以看出創教當時的異教環境和魔法背景，而從祈禱文裡，則可以觀察到該宗教是採取何種角度與神對話，另外還包括信仰的結構、教義內容…等相關資訊，都可以在信徒向神訴說的話語裡，一一找到蛛絲馬跡。

☬ 錫克教

古魯之名

　　「ਅਰਦਾਸ」（Ardaas）是指「祈禱」，從早到晚，錫克教徒會在一天之間進行多次祈禱，這也是他們每日的生活常規。祈禱一開始是先呼喚唯一且永遠的真神，接著會誦念所有古魯的名字，藉此強調古魯在錫克教歷史與教義上所代表的重要意義。

ਅਰਦਾਸ

ੴ ਸ੍ਰੀ ਵਾਹਿਗੁਰੂ ਜੀ ਕੀ ਫਤਹਿ।
ਸ੍ਰੀ ਭਗੌਤੀ ਜੀ ਸਹਾਇ।
ਵਾਰ ਸ੍ਰੀ ਭਗੌਤੀ ਜੀ ਕੀ।
ਪਾਤਸ਼ਾਹੀ ੧੦।
ਪ੍ਰਿਥਮ ਭਗੌਤੀ ਸਿਮਰਿ ਕੈ
ਗੁਰ ਨਾਨਕ ਲਈ ਧਿਆਇ।
ਫਿਰ ਅੰਗਦ ਗੁਰ ਤੇ ਅਮਰਦਾਸੁ
ਰਾਮਦਾਸੈ ਹੋਈਂ ਸਹਾਇ।
ਅਰਜਨ ਹਰਗੋਬਿੰਦ ਨੋ
ਸਿਮਰੌ ਸ੍ਰੀ ਹਰਿਰਾਇ।
ਸ੍ਰੀ ਹਰਿਕ੍ਰਿਸ਼ਨ ਧਿਆਈਐ
ਜਿਸ ਡਿਠੇ ਸਭਿ ਦੁਖਿ ਜਾਇ।

✡ 猶太教

以色列啊，你要聽

「示瑪」是猶太教最具象徵性的祈禱文。其中第一節「Shema yisrael, adonai elohim, adoni echad」可譯為「以色列啊，你要聽！耶和華我們的神，是獨一的主」，在在表明了猶太教徒對唯一真神的信仰，示瑪文卷通常會收在「門框經文匣」（mezuzah，編註：通常以金屬或陶瓷製成，文卷裝在匣內，並固定於住家大門的門框上）內，或是「經文護符匣」（tefillin，編註：可穿戴的黑色皮製經文匣）之中。

阿們

「阿們」（Amen）是最廣為人知的希伯來語之一，除了猶太教，基督教也一樣會念誦這個詞彙（伊斯蘭教使用的是原始閃族語的「Amin」）。「阿們」除了是完成祝禱與祈願時的結束語，也有著確立神之恩賜的意涵，曾有一名神父就以「如釘於梁柱之釘」來形容其重要性（Hubert de Bonhome，1931-2015）。

✝ 基督教

聖母頌歌

教會為教徒制定了諸多祈禱文，有直接源自福音書的讚詞，例如榮歸主頌（Gloria）、痛悔經（Act Of Contrition）、讚美聖母的無座聖詩（Akathist）以及聖靈降臨請求詩（Veni Sancte Spiritus）等等。另外還有根據教義特性撰寫的讚詞（如諸聖禱文），以及偉大聖人根據自身靈修體驗與心得所做的讚詞，最著名的例子即是聖伯爾納鐸（Bernard de Clairvaux）的聖母頌歌。

☪ 伊斯蘭教

祝福穆罕默德

伊斯蘭教有許多祈禱文是在對先知穆罕默德表達尊崇之意，在誦揚穆罕默德之名時，也會連帶念誦祝福的話語，例如「Sallallahu Alaihi Wasallam」，即為「願阿拉的平安與祝福降臨於他」。

清真證詞

伊斯蘭教中最重要的文字就是「清真證詞」（Shahāda，也稱清真言）。其中包含了伊斯蘭教義的兩大基石：真主的唯一性，以及穆罕默德身為真主使者的使命（「萬物非主，唯有真主；穆罕默德，是主使者」）。

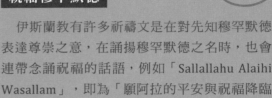

三鐘經

基督教基本的祈禱文幾乎都來自基督的傳承，而這些祈禱文分別源於耶穌所屬的猶太與亞蘭文化（例如「阿們」、「哈雷路亞」、「和散那」等詞語，都可看到上述文化的影子），以及祂親自傳授門徒的「主禱文」。隨著歲月流逝，教會還增加了其他以福音書為基礎所新做的祈禱文，例如「西面頌」（或稱西門的讚美詩），以及於早、中、晚誦念的「三鐘經」（Angelus）。

信徒向神祈禱時會說什麼？

II 多神教

HARMONY
協調

真言
MANTRAS

在亞洲的各個多神教之中，最為普及的祈禱方式之一就是「曼特羅」（Mantra）。「曼特羅」原為梵語，可譯為「真言」或「神咒」，通常是由簡短詞語（只有單音節或幾個音節）組成的制式文句，在大多數的情況下，都是由師父傳授並帶領弟子反覆唱誦。曼特羅的力量不僅在於其蘊藏的教義與真理，更表現在其唱誦的聲響之中。許多信徒認為，這種誦聲具有協調世間萬物的效力。

✲ 佛教

六字真言

六字真言「唵、嘛、呢、叭、咪、吽」是表達慈悲的咒文（也稱六字大明咒，梵文直譯為：蓮花之上珍寶／妙哉蓮華生），瞭解其所代表的諸多意涵，與唱誦咒詞同等重要，例如其中的「蓮花」就象徵著智慧，也有出塵不染的意思。六字真言也是祈求與呼喚觀世音菩薩的心咒，觀世音菩薩或稱「觀自在菩薩」，在不同佛教流派裡，擁有著各自不同的形象（例如在藏傳佛教裡，每一世達賴喇嘛也被視為觀世音菩薩的化身）。

ॐ 印度教

五敬奉文

有些印度教的信徒每日會進行五種敬奉儀式（Pañca-mahā-yajñās），並在過程中唱誦獻祭用的特定詩文，這五種儀式的進獻對象分別是自然生物（Bhuta-yajna）、人類（Manushya-yajna）、祖先（Pitr-yajna）、神明（Deva-yajna），以及宇宙的絕對力量「梵」（Brahma-yajna）。

ॐ अच्युताय नमः।
ॐ अनन्ताय नमः।
ॐ गोविन्दाय नमः।

向毗濕奴神敬禮詩

ॐ नमः शिवाय
向濕婆神敬禮文

三經祈禱

印度教的祭司（婆羅門）會在每天的日出到日落之間，進行三次的祈禱儀式，稱為「三經祈禱」（Sandhya vandanam）。祈禱過程會唸誦真言（例如歌雅提真言 Gayatri mantra 或吠陀經文），並進行祈願、悔悟、讚美、崇敬、冥想、呼吸練習與清洗淨化儀式。

☯ 道教

念咒

道教儀式通常是由一系列被稱為「咒文」的制式文句來推動的。通常這些文句的意義都非常難以理解，但念咒的聲音具有能量，可以請來神明，並驅逐惡靈。

敕

急急如律令

符文

道士也會將特定的咒文寫在被稱為「符」的紙籤上，有時「符」也被視為與神之間的契約。這種符紙有時會燒毀並產生灰燼，將符灰溶入水裡後飲用，或者直接貼掛在牆上和置於衣服之內。依照咒文的不同，符文被認為具有不同的神力，同時趨吉避凶。

丌 神道

天之祝詞

天之祝詞（也稱天津祝詞），是日本神道中最古老的祈禱文之一。主要的內容是「請求敬畏的神明淨化我的內在、他人與大自然之間的各種不淨」。

武產神武殿

祝詞

在神道中，用於舉辦儀式的祈禱文或相關的制式文句，都稱為祝詞。唱誦祝詞發出的聲音，比祝詞本身的意義更重要，也更能感動神明。中世紀的祝詞集《延喜式》共收錄了 27 篇祝詞。

如何崇敬神明？

正如我們所知道的，一個宗教的核心特色與價值觀，往往能透過其儀式表露無遺。舉辦儀式的目的之一，就是向神明傳達崇敬之意，而這些儀式通常都會使用各種道具。如果將全世界所有宗教儀式用到的物品都放在一起，數量恐怕會多到連一整座足球場都放不下。

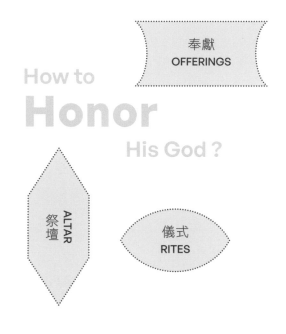

向神明表達敬意與崇拜的第一種方式是獻祭。在日常生活中，信徒會依照自己的想法推測神所需要的東西，再據此獻上食物、金錢、寶石、貴金屬或是花朵等物，希望能滿足神明的需求。

此時，一個不可或缺的物品登場了，那就是「祭壇」。幾乎所有的宗教與屬靈的信仰文化，都有著祭壇的存在。祭壇通常是桌子或架子這類物品，而且上面會覆蓋著裝飾性的長布。一般來說，多樣化且高價值的小型祭品，會一一放置在統一形式的專屬容器上，例如供碗。不過，其中有些容器的形狀則蘊藏著深奧的意義，例如佛教的嘎巴拉碗（骷髏碗）就是其中之一，這種嘎巴拉碗之前都是以人類骷髏頭骨切割製作而成的，作為佛教主要教義「萬物無常」的象徵。

10 種功效

在盛行佛教的地方都有「香」，尤其在日本的佛教更是常見。據說供香共有十種功效。

1 提升感應力，更容易進入靜觀與冥想。

2 淨化身體與心靈。

3 釋放雜念與空想。

4 進入開悟之路。

5 治癒孤獨與空虛感。

6 讓混亂高亢的情緒變得平穩。

7 大量使用也不刺鼻。

8 一點點香氣就能讓內心得到滿足。

9 不太會因為放太久而變質。

10 日常使用很安全。

✤ 鼓勵做禮拜的基督教以及以天課為五功的伊斯蘭教

另一方面，也有許多宗教並不認同供品，也不鼓勵獻祭，因為這些行為可能會導致偶像崇拜，或引發奉獻者的傲慢心性。

像是基督教有些新教流派就拒絕奉獻，他們的論點根基於福音書上的這段話：「時候將到，如今就是了。那真正拜父的，要用心靈和誠實拜他，因為父要這樣的人拜他」（《約翰福音》4：23）。

伊斯蘭教也嚴禁獻祭。雖然宰牲祭（Eid al-Adha，又譯古爾邦節）時會殺羊來吃，但殺羊不是為了獻給真主，而是為了紀念易卜拉欣順服了神的要求，將兒子易司馬儀當成祭品獻給神的事蹟（神最終用羊羔代替）。

與之相反的是「天課」（Zakat，又譯札卡特），這是伊斯蘭教的五功之一（念、拜、齋、課、朝），每位教徒都會將自己財富盈餘的一部分，拿出來幫助貧苦的人們及地區。

於伊斯蘭教宰牲祭犧牲的動物數量

120,000 頭

這是每年於法國宰牲祭被宰殺的動物數量。宰牲祭於麥加朝聖的最後一天舉行，紀念先知易卜拉欣的虔誠奉獻。

雖然宰牲祭（Eid al-Adha，又譯古爾邦節）時會殺羊來吃，但殺羊不是為了獻給真主，而是為了紀念易卜拉欣順服了神的要求，將兒子易司馬儀當成祭品獻給神的事蹟（神最終用羊羔代替）。

✛ 祭物在基督教的意義

有時候，當祭物具有特殊的意義，就有可能在獻祭之際，使用符合儀式要求的特定容器。以天主教為例，按照傳統，在彌撒舉行到一半的時候，會有「奉獻禮（offertory）」環節，此時信眾們會將帶來的麵包、無酵餅與葡萄酒，分別放在祭台上的金屬聖餐盤與雕刻精美的聖杯之中，接著神父會以特定的禱詞與奉禮手勢，祝聖這些餅酒，使其成為耶穌基督的「身體」與「寶血」（天主教稱之為「聖餐變體」）。

此外，如果是已經祝聖的聖餅，則通常會存放於神聖的容器中，又稱「聖餐保留」（Reserved sacrament）。存放聖餐的有蓋金屬容器叫做「聖體匣（ciborium）」，通常是盒狀或壺形，上方立有十字架，外面會再覆蓋一層布巾，然後收在「聖體櫃」裡，同時旁邊還會有一盞永遠明亮的燈守護著。「聖體櫃」原文為「Tabernacle」，原意為「帳幕、會幕」，象徵的是舊約中的「約櫃」。

完成祝聖之後，神父會向天父獻上祂兒子的身體與血，再透過「領聖體」的儀式，將麵包與葡萄酒分給信眾。到此神格藉由麵包與葡萄酒的轉化，將自己以聖餐的形式獻給了另一個神格，同時這個過程因是由神的造物（人

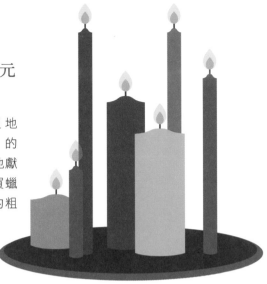

270,400 歐元

每年前往天主教盧爾德聖母朝聖地（Sanctuary of Our Lady of Lourdes）的朝聖人數位居世界第三，而為了於此地獻祭，朝聖者通常會於官方網站事先購買蠟燭，這個數字就是 2014 年蠟燭銷售的粗估總金額。

類）來完成，不但是一種神祕的奉獻，也代表著交換與分享。

除了上述儀式，另一種與神交流的方法就是燃燒貴重香料，這也是在所有宗教之中都可以觀察到的儀式，不但基督教行之有年（除了天主教，在東正教更是盛行），佛教與印度教也都有焚香的儀式。「香」除了是祭品，焚香也象徵著傳送祈禱，讓天上的神聞到香的氣味，人們也因此能透過香氣與神明建立靈性的羈絆。

在天主教與東正教的典禮中，香料的使用是非常慷慨的，不管是祭壇、十字架，還是負責主持彌撒的司鐸、信徒，都沉浸在香霧彌漫的銀白煙氣之中。為此還會將炭與香料一同放進香爐（thurible），再利用與香爐連結的金屬鏈條持續擺動著爐體，讓煙氣不斷散出。

而在印度教與佛教中，人們更偏好在祭壇放置狀似小缽的香爐或香皿，而這些放置香料的器皿也很常在家庭、寺院或是街角使用。

天主教與東正教的典禮都會焚香。

如何淨化自己？

每個宗教都鼓勵信徒淨化自己的靈魂與肉體。因為在信奉的神（或眾神）面前，我們必須保持純潔，也因此，淨化儀式以及使其成為可能的道具才如此重要。而在這之中，既是淨化的手段之一，同時也是最能象徵「純淨」的元素，則非「水」莫屬，可以飲用，也可以在儀式之中用於潔淨自己。水可解燃眉之急，也是人類第一個想儲蓄活用的東西，這也導致了各式專門容器的問世。

✝ 基督教

1 洗禮盤

以石頭或金屬製作的大型水盤，裡頭裝有洗禮儀式所需的聖水。接受洗禮的小孩與大人可洗去原罪，成為教會的一員。

2 聖水盤

裝盛聖水的容器。信徒走到教會入口的時候，會用指尖沾上聖水，再於身上比劃十字，以此重現與回憶自己的洗禮。

3 灑水器

具有精緻雕刻的金屬管狀道具，聖職人員會利用灑水器在信徒身上灑上聖水，代表信徒之罪已得赦免。

4 濯足節、聖星期四

聖職人員為一群信徒（通常為 12 人）洗腳的儀式。耶穌曾在最後的晚餐為一起用餐的使徒洗腳，這項儀式就是為了記念此舉。

✡ 猶太教

壺

這是兩側都有握把的容器，通常用來洗手。雖然也會在早上起床的時候使用，但通常會於安息日的三餐或是贖罪日（Yom Kippur）這類重要節日使用。

浸禮池

執行浸禮儀式的地方（也稱為 Mikveh、Mikve）。

☪ 伊斯蘭教

噴水池

在清真寺內，一定會設有方便信徒進行清潔的水池或噴泉。即使是其他場所（尤其是家裡），也會備有臉盆這類簡易的盛水容器。但在不得已的時候，也可以騾子的飲水槽或是貓的飲水盆應急，不過若是狗或豬的食器則不行。

潔淨死者

在猶太教徒中，負責埋葬遺體的信徒組織「治喪義工委員會（Chevra kadisha）」會舉行潔淨的儀式「塔哈拉（Taharah）」，儀式中會洗淨遺體的每一寸肌膚，然後將其裹入白色的裹屍布中。伊斯蘭教則是先從頭部開始洗，接著是右肩、左肩，再依照由右至左的順序依次向下洗到腳部，私密部位則會以布或浴用手套清洗，最後穿上沒有任何接縫的白衣或裹入白布。

ॐ 印度教

恆河

恆河是印度教徒禮拜的對象。這條大河的河水是從濕婆頭髮流出來的聖水，數千萬名信徒會以一年幾次的頻率，抱持著洗去一身罪惡的虔誠心情前往恆河沐浴。情況允許的話，還會將故人的骨灰撒在這條大河裡。

☸ 佛教

寶瓶

這是藏傳佛教用於皈依與潔淨儀式（對象包括人、場所、物品）的裝水壺，長長的壺嘴是它的主要特徵之一。瓶裡的水可用來驅趕惡靈，也是最適合獻給神明的甘露。

用於祈禱的器具有哪些？

What Objects Do We Use in Prayer?

念珠
ROSARY

中世紀神學家聖多瑪斯阿奎納（Thomas Aquinas）曾說過「恩寵基於自然」，不過如果因此將信仰想像成從天而降養分，田地就自己豐收的話，那就大錯特錯了，要讓種子萌芽，必須先認真整地耕土、播種、施肥，否則什麼也長不出來。換言之，祈禱不能只是停留在精神或心靈層面的行為，還需要實際與人類現實相連結。不管是藏傳佛教的金剛杵，還是伊斯蘭教的贊珠，這些禮拜用具都是讓凡人得以升華的必需品。

✡ 猶太教

小圓帽

猶太教鼓勵信徒在祈禱的時候蓋住頭，作為敬畏神的印記。祈禱的必需品之一就是包覆頭頂的頭蓋帽，也就是所謂的小圓帽（kippa）。

✝ 基督教

玫瑰念珠

由五組珠子與飾玉串成的長型鍊狀首飾。每十顆珠子為一組（或稱一端），對應念誦十遍《聖母經》，每組珠子中間再以獨立的大珠為區隔，分別對應一次《聖三光榮經》與《天主經》念誦，並配合默想耶穌及聖母的生平奧蹟（指人生中與信仰及真理相關的事蹟），包括「歡喜五端」、「光明五端」、「痛苦五端」與「榮福五端」。

☪ 伊斯蘭教

贊珠

由珠子組成的手環，伊斯蘭教徒在進行各種與阿拉之名有關的祈禱或經文念誦時，都會使用贊珠（Subha）計數，或讓念誦保持韻律。

⛩ 神道

富士山

　在日本的神道信仰裡，神靈會透過「御神體」（神明寄宿之物，可能是寶石、鏡子，也可能是富士山這類自然物，或稱「御靈代」）存在於現世，並藉此與信徒交流。

御幣與注連繩

　在日常禮拜與祝禱中，「御幣」（獻給神明的折紙條，形狀彎曲而細長）與「注連繩」（圍出神域的神聖繩子）都是常見之物。象徵著信心的來源，有時還會指出通往救贖的道路。

☸ 佛教

念珠

　唱誦真言時使用，可幫助計數與定心。

轉經筒（祈禱筒）

　外表刻有六字真言，內藏有經文的圓筒，常見於藏傳佛教。轉動一次經筒，則代表誦讀過一遍經文。

金剛杵（vajra 或 rdo rje）

　藏傳佛教常見佛具，外形象徵閃電，通常以金屬製成。兩個對稱的「頭部」代表著力量與平衡。

❶ 上面的五股分歧為象徵五個重要智慧的五智如來。

❷ 下方的五股分歧則象徵著跟隨五智如來的佛。

❸ 分歧的基座有「摩伽羅的嘴」。摩伽羅是象徵繁衍的怪魚。

❹ 兩側的蓮花花瓣代表各種形狀的空性（具有實體之物、非物質、無限性、究極性這類空性）。

❺ 位於中央，用於連結兩個「頭部」的球象徵著空性。

該如何向看不見的神祈禱？

　　聖女大德蘭（又稱亞維拉的德蘭，1515-1582）是著名的天主教神秘學家，也是「加爾默羅修會（Carmelites）」的修女與改革家，她所創始與提倡的靜默祈禱方式（Oraison），又被稱為「加爾默羅修祈禱」。一切的開端始於聖女大德蘭一日所見到的受難基督像，這與她幼時所發出的呼喊「我想見到上帝！」產生了呼應，並由此表現在她所傳 授的祈禱方法之中：默想道成肉身的基督，並在祈禱中獲得天主的撫慰與喜樂，對此，聖女大德蘭沒有任何疑問，因為這同時也是在實踐耶穌所說「人看見了我，就是看見了父」（《約翰福音》14:9）。

高達 15 公尺

象頭神（Ganesh，或稱象神）是濕婆神之子，也是世界聞名的印度教神祇之一，尤其以祂的象頭人身造型與通常帶有的鮮豔色彩而廣為人知。全世界最大的象頭神像在泰國一間象神寺（Wat Saman Rattanaram），不但全身粉紅，更高達 15 公尺。

　　將宗教的主要人物、神或眾神做成雕像或畫像，絕非理所當然之事。例如伊斯蘭教就嚴禁崇拜偶像，所以不準信徒描繪及雕刻這類人物或是神的模樣（尤其是穆罕默德與穆罕默德的家人、朋友），同樣的，在猶太教與基督教新教的教義裡，也都強調要嚴格遵守神頒發十誡的第二誡，也就是「不可為自己雕刻偶像；也不可做什麼形像彷彿上書、下地、和地底下、水中的百物」（出埃及記 20:4）。

　　不過，關於偶像的禁止條例，其實也無法在猶太教的所有支派普及。比方說，猶太教的超正統派「盧巴維奇」的哈西迪派，就樂於展示他們拉比梅納赫姆‧施內爾松的肖像；而從基督教新教衍生的其他流派（例如福音派或是五旬節派），也很常在傳道時使用基督的肖像或畫像。

✣ 為神造像的宗派以及相關的批判

　　另一方面，同樣隸屬於亞伯拉罕一神體系的天主教，則對為神與聖人造像有著截然不同的立場，十六世紀時，

聖母瑪利亞顯像次數

18 次

天主教教會正式承認的聖母瑪利亞顯像次數為 18 次，分別是法國 4 次、比利時 2 次、墨西哥、波蘭、義大利、葡萄牙、委內瑞拉、巴西、阿根廷、盧安達、日本、菲律賓、荷蘭、美國各 1 次。其他還有許多非正式承認的記錄，例如巴黎的渡船路（Rue de Bac，1830 年）與愛爾蘭的科諾克村（Knock，1879 年）就是其中之一。

新教先驅加爾文（Jean Calvin）認為，人類在為神畫像的過程中，誤以為神與自己相近，可是人類明明因為自己犯下的罪而一步步遠離創造主，卻還以為自己不需要悔改。

新教也正是因為這點才起而反對天主教教會。

新教先驅加爾文（Jean Calvin）認為，人類在為神畫像的過程中，會誤以為神與自己相近，因此認為自己無需向神懺悔所犯下的罪，即使正是這些罪使人一步步遠離創造主。加爾文在其著作《基督教要義》（1536、1541、1560 年出版）中就曾提到「這些人誤以為眼中的神是心裡的神」。

這同時也是對天主教的批評，因為當時的天主教將各種偶像應用於信仰之中，甚至已到氾濫的程度，例如聖母瑪利亞與被列入《羅馬禮儀通用日曆》紀念的幾百名聖人的雕像、各類畫作、旗幟、以及用眾多小天使裝飾的聖體匣都是其中之一，甚至還高掛各種耶穌被釘在十字架上，露出痛苦表情的受難雕像或畫像（古老的天主教格言曾云「沒有基督的十字架跟沒有十字架的基督都不可思議」），這與向來強調耶穌復活的新教可說是背道而馳。而有時候，外觀極盡豪華絢麗的聖骨匣（reliquary），裡面卻可能僅放入了微小的一枚骨片……

✦ 「受聖靈感召所畫」的像

東正教也會使用偶像，但正教的「聖像」在其地位與價值上，都與天主教的宗教畫像不同。第一個不同之處在

4.42 公尺

許多天主教信徒認為，留有人類臉部與身體痕跡的「都靈裹屍布」，就是在耶穌基督被釘死之後，用來包裹耶穌基督遺體的亞麻殮布，長度共有 4.42 公尺。

於聖像不是被「畫」出來的，而是與神聖的福音書一樣，是遵循特定的聖經正典（canon）所被「書寫紀錄」下的，其次，聖像是基於將教會的聖域預示為天國的教會建築學所造，用意是讓信徒得以了解神的世界。

上述的故事說明了與宗教有關的造像有多麼複雜，有時還能從中找到一些意想之外的連結。就重視偶像這點而言，天主教與印度教或佛教的相似度，可能還比同系譜的新教來得更高，比方說，印度教徒也會膜拜眾神與眾神化身的像；而另一方面，印度教的偶像崇拜有時也會讓人聯想到西方的守護聖人慶典之中，眾人列隊讚美聖人或聖母的模樣。

佛教也有利用各種素材打造的佛像，而且這些佛像各有不同的尺寸，其中甚至有如日本的牛久大佛那般巨大的佛像，從 120 公尺的高度向下俯看著來訪信徒與觀光客的牛久大佛，其存在感可說是非同反響！

天主教與印度教或佛教的相似度，可能還比同系譜的新教來得更高。

有哪些宗教肢體語言是共通的？

What Are Gestures Common to Religions ?

俯拜
PROSTRATION

雙手
HANDS

簡潔
SIMPLICITY

幾乎在所有宗教中，都可看到以下三種與祈禱相關的肢體語言，而這三種肢體語言也正是因為它們的簡潔易懂，才得以如此普及。

第一種是雙手掌心合在一起的「雙手合十」，無論是天主教的司鐸，還是佛教的僧侶，都會做這個動作。

第二種是「拍手」。猶太教徒與部分的基督教徒會以這個動作表現內心的喜悅，日本神道的信徒也會在參拜神社時，以這個動作喚醒神明。

第三種是「跪拜」，表達崇拜、敬意與服從之意。

1

雙手合十

在天主教的彌撒儀式裡，所有位於聖域之內的人都會立正與雙手合十，不管是司鐸、侍祭還是聖歌隊的孩子，都會做出一樣的動作，這也是整個儀式的起始手勢，接著所有人再依照進行流程，各自做出不同的行動。在所有宗教之中，「雙手合十」都代表謙卑恭順，因為合攏的手指朝著天上，也是神聖力量所在之處。

拍手

在聖經詩篇第 47 篇中，「萬民哪，你們都要拍掌！」這句常出現在不同的聖歌裡被傳誦。這個發自人類內心深處的動作，無論在宗教還是俗世其他狀況下，都代表著讚美與喜悅的情緒。天主教會在朗誦教宗的教誨時，也有拍手的習慣。

伊斯蘭教的重要節日

第 10 天

在阿拉伯語中，「十」被稱為「阿舒拉」（Achoura），而阿舒拉日正是穆哈蘭月（編註：在伊斯蘭曆法之中，是一年的第一個月份）第十天的節日。此外，什葉派會在這一天緬懷穆罕默德外孫候賽因的殉道。在伊拉克、伊朗、巴基斯坦與印度的什葉派信徒，會以金屬的鏈鞭（zanjeer）進行儀式性的自殘，透過怵目驚心且血腥的方式記念這位伊瑪目（領袖之意），有時候甚至會互相鞭打。

跪拜

這個彎折身軀向前俯臥的動作，通常用來表達崇拜與尊敬。天主教的信徒會先用手指比畫十字再跪拜。猶太教徒則會跪在猶太會堂或是耶路撒冷聖殿的哭牆（西牆），再前後搖晃上半身，以全身唱誦詩篇並完成祈禱儀式。

伊斯蘭教徒的跪拜八步驟

佛陀的各種手勢
有何意義？

Why Does Buddha Do So Many Gestures ?

守護
PROTECTION

布施
DONATION

吠陀信仰與印度教都有各種美麗的手勢或動作，其中有許多也被同位於恆河流域的「親戚」，也就是佛教所吸收。這些宗教儀式中的手勢（手印），有時也會從其神聖的領域流傳到傳統舞蹈之中，而這樣的舞蹈動作也不是與宗教完全無關。歷史上的佛陀，也就是喬達摩悉達多，曾特別為這些動作（尤其是手勢）賦予特別意義，換言之，這些手勢傳承了佛陀的許多重要教義。

150 公斤

位於印度德里的甘地國際機場第三航廈內，九座巨型佛手印雕塑自 2010 年開始在此迎接每一位到訪的旅客，每個巨手的平均重量為 150 公斤，而且有著各自不同的手印姿勢。

觸地印（大地的證人） ❶

佛陀在求悟時，受天魔侵擾，被質問誰可作證佛陀已開悟時，佛陀便手觸地面表示「大地可證」，於是地神現身退散惡靈，並見證佛陀堅定的意志，此印又可稱「證成印」或「降魔印」。

❷ **禪定印**（冥想）

這個手印代表包容，也代表寂靜與平衡。這些特質既是打坐冥想的成果，也是進入冥想的前提要件。

轉法輪印（說法） ❸

以手掌與手指構成的這個有力手印，代表法輪於佛陀首次說法之際開始轉動，從此摧破煩惱，使身心清淨，也稱「說法印」。

❹ **施無畏印**（守護）

「施無畏印」的手勢是：手指朝天，掌心對外如盾張開，代表佛法庇佑，去除一切煩惱恐懼。相傳佛陀曾以此手印降服敵人放出的狂暴猛象。左手的手勢則是「與願印」，常與「施無畏印」並用。

觸地印（布施） ❺

「觸地印」的另一種手勢。向地面張開的手掌，有時也象徵著佛陀傳授的教誨與道法向全世界傳開。

❻ **說法印**（凝神）

「說法印」的另一種手勢，認識佛法必須要集中注意力，結這個手印能對抗雜念，凝聚生命能量之力。

合掌印（敬意） ❼

雙手合十，或是雙手相離但掌心相對的手勢，是弟子向師父表達敬意的手印，也象徵著佛教徒以佛法連結的關係。

❽ **與願印**（慈悲）

雙臂稍微離開身體並伸直，手掌自然向外張開的手印。這個手印象徵著佛陀的慈悲與施願予世人。

神職人員為了什麼目的存在？

　　今日對宗教的諸多批判，通常來自對其既定制度的反感。各宗教現行的各種教條規則、組織架構和章典流程，往往被指責已偏離了最初的教義根基，以及原本就與形式主義背道而馳的內在靈性感應。而這些既定制度的核心就是神職人員。

穆拉
MULLAHS

位階
HIERARCHY

Are There Religions Without Clergy ?

婆羅門
BRAHMANS

神父
PRIESTS

　　所謂的「神職人員」（或稱「聖職者」），就是在同教教友裡更具備權限與權威之人。也因此，要在「有神職人員的宗教」和「無神職人員的宗教」之間做出區隔其實不具任何意義，因為所有宗教都是因為有著「負責行事者」才得以運作，而在這些人員之中，一定需要帶領者存在，而無論是正式或非正式的領袖，他們從外表就與一般教友有所不同（即使只是服裝上的分別）。

✤ 對金字塔階層的疑問與現實

　　有些宗教的信徒可能會提出反駁，表示自己信奉的宗教沒有任何聖職者或領袖。的確，基督教的新教（基於對天主教聖職的排斥才於十六世紀誕生）、伊斯蘭教的遜尼派、印度教都

教宗　　　　　　　主教　　　　　　　神父

1人　　　5,033人　　414,313人

　　　　　　　（2012 年）　　　（2012 年）

教宗

是羅馬主教，也是羅馬天主教會的首長。

主教

天主教會的高階聖職人員，擁有極大的權限，負責管理教區。

沒有位階制度，但它們還是有牧師、穆夫提（mufti，伊斯蘭教法的學者與教法官）、婆羅門、祭司（負責獻祭）、古魯（導師）這些角色存在，這些人裡面，有一部分在其宗教團體裡具有不容質疑的權力，同時擁有大量執事、代理人、輔佐官、助手的協助。

✥ 成為神明代言人的聖職者

　　因此，重點不是要區分「有神職人員的宗教」與「無神職人員的宗教」，而是要看這些特定人士所扮演的角色與性質而定。

神父

接受了授與神職的男性，屬於基礎神職人員，也稱「司鐸」。

大阿亞圖拉
「仿效的範本」

是「真主最偉大的象徵」，穆智台希德（斯蘭教教法和教義的傳授者）的最高領袖，也是什葉派聖職人員中地位最高的精神權威。

阿亞圖拉
「真主的象徵」

是解釋法學、倫理學、哲學、神祕神學的專家，是提醒信徒古蘭經律法的聖職人員。會發表基於伊斯蘭律法（法特瓦，fatwa）制定的決策，所有信徒都必須遵循這項決策。

穆拉

意思是「老師」，負責管理教區，並在星期五的禮拜講道。有些穆拉擁有神學博士的學位，此時就會被稱為「伊斯蘭之證」（Hujjat al-Islam）。

在所有宗教之中，都必定會有「導師」存在（可參考本書114～117頁的內容），例如佛教的僧侶、東正教的司鐸、伊斯蘭教遜尼派的伊瑪目、猶太教的拉比、路德派與加爾文派的牧師等等，這些人員除了傳授經典，也必須在道德與精神層面成為信徒的榜樣。

在這些神職人員之中，還有負責獻祭的祭司（sacrificateur），一如這個單字的語源所示，祭司的能力是透過各種儀式將萬物或是人加以「聖化（sacre）」，並讓神（或眾神）感到喜悅。天主教的神父與日

重點不是要區分「有神職人員的宗教」與「無神職人員的宗教」，而是要看這些特定人士所扮演的角色與性質而定。

天主教的高階聖職人員、樞機主教的出生地？

歐洲 **108**

北美 **22**

亞洲 **19**

大洋洲 **4**

拉丁美洲 **29**

非洲 **17**

根據 2014 年的統計

本神道的宮司都是絕佳的代表例。

　　另一方面，也有少數聖職者的職責是成為神性的媒介，並讓自己與所服事的神合而為一，從而將自己完全奉獻給神。這類聖職者的定位，已經超越一般神職人員負責帶領信眾或管理組織財務的俗世性質了，目前也只有下列兩個宗教嚴格定義了這類聖職者。

　　第一個是天主教。在天主教負責施行聖禮（神的恩寵）時的神父，此時被認為是另一位基督（Alter Christus），而且與其個人的功績毫無關係。

　　第二個是伊斯蘭教什葉派。什葉派的大阿亞圖拉（最高領袖）會參加十二名伊瑪目的偉業，以穆罕默德真正傳人的身份，向信眾分享伊斯蘭教的教義精髓，並由此傳承下去。天主教也有類似的情形：天主教會的神父也代表著教會本身，而且還負責「傳播與共享基督的信念」（波舒哀，Bossuet，1627～1704，天主教主教、神學者）。

神職人員都穿哪些服裝？
Ⅰ 基督教、猶太教、伊斯蘭教

What are the Clergy's Habiliments ?

小圓帽
KIPPA

法衣
SOUTANE

在亞伯拉罕宗教體系的傳統之中，衣服代表的是穿著者位於內心深處的信仰與自我認同，並以此彰顯對神的信心，也是讚美神的方法之一。這類衣服有的屬於祭服（舉行典禮穿的服裝），有的則代表身分的表徵，但這樣的分類也只是理論上的，因為有許多衣物既是能對外彰顯教徒身份的代表服飾，同時也是教團內的儀式性禮服。

☾★ 伊斯蘭教

伊斯蘭教雖然沒有規範特定的禮拜服裝，但要求穆斯林在裝扮上必須「得體莊重」，例如男性日常穿著的穆斯林長袍蓋米斯（qamīṣ）即是如此，而女性服飾則對此更加重視，這也是為什麼女性除了要用頭巾（hijab）包住頭，甚至連臉部、手與全身都需要用面紗（niqab，臉部只有眼睛露在外面）或布卡罩袍（burqa，眼睛部分也用紗網罩住）包裹得密不透風。

頭巾

蓋米斯

面紗　　布卡

✝ 基督教

在基督教之中，宗教服飾可分為舉行典禮所穿的禮（祭）服，以及神職人員的日常制服。前者有進行彌撒時要穿的祭披（casula）、長白衣（alba）與領帶（stola）；後者則有羅馬領（roman collar）與法衣（soutane）。最基本的服飾是接受洗禮之人身上穿的白色受洗袍。受洗者在受洗之後，會成為教會的一員，繼承基督的使命，接受「祭司、先知、王」的任務。

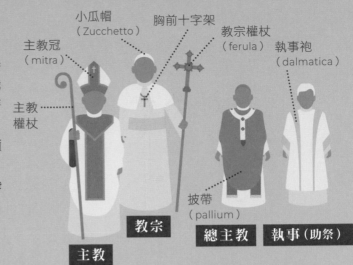

主教冠（mitra）
小瓜帽（Zucchetto）
胸前十字架
教宗權杖（ferula）
執事袍（dalmatica）
主教權杖
披帶（pallium）

教宗
主教
總主教
執事（助祭）

四角帽（biretta）
羅馬領
祭披
法衣
領帶
長白衣

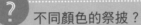

神父（司鐸）

? 不同顏色的祭披？

綠色
綠色在基督教是希望的顏色，這種顏色的祭披會在「日常的」典禮穿著。

白色
象徵基督復活的顏色，用於復活節、聖誕節、諸聖節、洗禮、結婚典禮。

紫色
代表懺悔與認罪的顏色。會於待降節（advent）、四旬節、葬禮穿著。

紅色
血的顏色。會於棕枝主日、耶穌受難節、五旬節、殉教者祭日穿著。

✡ 猶太教

在希伯來語中，意指「神聖」的詞彙是「qadosh（קָדוֹשׁ）」，同時也有「潔淨」與「被分別出來」的意思。因此猶太教的宗教服飾也符合著「純潔」與「特別」的要求，在這些服裝與飾品之中，有一些與聖經的戒律有關，並於信徒社群中普及開來，例如「塔利特」（tallīth，男性猶太教徒於禮拜穿著的披肩）與小圓帽都很具代表性；另外也有些服飾則源於當地傳統文化，同時也象徵著身分標誌，例如哈西迪派（阿什肯納茲猶太人）的白色長袍（kittel）和厚圓毛盤帽（shtreimel）。

頭紗
受洗袍

修女

毛盤帽（shtreimel）
小圓帽（kippa）
毛皮帽（spodik）
猶太黑長衣（kapoteh）

神職人員都穿哪些服裝？

II 亞洲地區的宗教

What are the Clergy's Habiliments ?

漢服
HANFU

長髮
KESH

　　從亞洲地區宗教（印度教、佛教、日本神道）的神職人員服裝，我們可以發現這些宗教一邊提倡簡約，要捨去一切對俗世的執著；一邊又保持著原已高度發展的精緻文化，這樣的兩面性讓宗教服飾同時保有簡單樸素的設計與鮮豔華美的色彩（例如鬱金色和大紅色），另外還會精心搭配上飾品。

　　其中有些宗教的部分服飾可能會看起來很相似，例如印度教的男性白長服（Kurta）與日本神道的齋服，但即使如此，這兩者也不能直接畫上等號。印度教的白長服是信徒平日一直穿在身上的服裝，也是唯一論的表徵，但是神道的齋服則是只在祭祀之際穿著的禮服，也是區分聖域與凡間的界線。

🕉 印度教

　　除了黃色（聖光與叡智的象徵）與鬱金色（聖潔、渴望真理與解脫的象徵）的衣服之外，印度教的僧侶或婆羅門只會掛上聖繩（upavīta，代表與上師的思想聯繫）和螺髮冠（Jaṭāmukuṭa，象徵為恆河水患引流的濕婆神之髮）。

聖繩

女性穿的紗麗（saree）與男性穿的托蒂（dhoti）是印度人特有的服飾，也是印度教徒的特徵，但嚴格來說，紗麗與托蒂並非宗教服飾。將紗麗當成宗教服飾穿的只有加爾各答的德蕾莎修女，但她將之改良為自己創立的天主教修道會制服，而非印度教的宗教服飾。

☬ 錫克教

五個 K 象徵著神性，因此也是崇敬的對象。

長髮（kesh）
包在頭巾底下，未曾修剪的長髮。

梳子（kangha）
小木梳。是秩序的象徵，用來梳理頭巾（turban）底下的頭髮。

鐵手鐲（kara）
象徵皈依神的手鐲。

佩劍（kirpan）
彎刀智劍。象徵為了守護信教自由的戰鬥。

短衫（kaccha）
方便騎馬打仗的及膝寬鬆短褲。

☯ 道教

中國的漢服是使用大量布料製作的衣服，交叉的領口是其特徵之一，同時衣領處還會加上布條裝飾，腰部則會綁上腰帶，是非常均衡又美觀的服飾。而道教徒所穿的道袍則會以刺繡、珍珠或金線、銀線裝飾，有的還會加上象徵道教的太極圖。

漢服

☸ 佛教

袈裟（梵語為 kāsāya）是佛教僧侶或尼姑穿的衣服，象徵著樸素與無常，通常會以幾塊黃土色或鬱金色的布料縫製而成。

袈裟

⛩ 神道

負責管理神社、主持儀式的神主，會依照身分穿著不同顏色的禮服，從旁輔助的巫女則會穿著象徵日本的紅白兩色服飾。

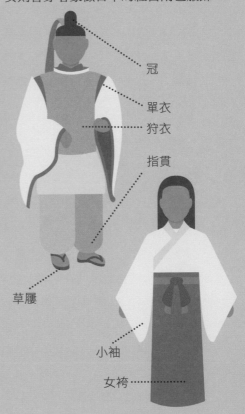

冠

單衣

狩衣

指貫

草屨

小袖

女袴

禁食有什麼效果？

信仰宗教是否有助於減重呢？不少俗語卻證明恰好相反，例如法國人會說「像傳教士一樣胖」，或是德國人會說「好的牧師懂得縮短祈禱與加長香腸」。2012 年，泰國政府就曾發表了一份報告，其中指出泰國的信徒太過大方，布施了大量高油脂、高糖分的食物，導致有一半以上的佛教僧侶都有慢性肥胖的問題。另一方面，佛陀本身雖然為了求道而曾徹底禁慾，但在事後卻否定了極端苦行的意義，但包括佛教自己，仍有許多宗教還是鼓勵信徒禁食（在某一段時間內不進食）。

大齋期（四旬節）
LENT

禁慾
ASCETICISM

精神修養
SPIRITUAL EXERCISES

齋戒月
RAMDAN

鼓勵禁食的宗教可說是不勝枚舉。以猶太教為例，《利未記》就有「每逢七月初十日，你們要刻苦己心……你們要在耶和華面前得以潔淨，脫盡一切的罪愆」（16:29-30）的記載，尤其在贖罪日（Yom Kippur）更是鼓勵禁食。在基督教方面，《馬太福音》也有「至於這一類的鬼，若不禱告禁食，他就不出來（不能趕他出來）」這類敘述。《古蘭經》第 2 章 183 節也提到「信道的人們啊！齋戒已成為你們的定制」，建議信徒在齋戒月的時候禁食。印度教方面，《未來往世書》（Bhavishya Purana）也提到「八歲以上的每個人，都必須在黑天的祭日禁食」的規定。

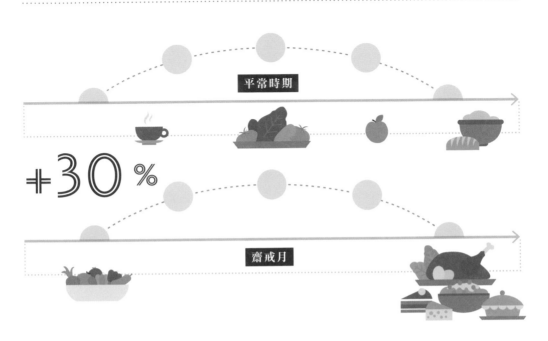

平常時期

±30%

齋戒月

齋戒月時,伊斯蘭教雖然鼓勵穆斯林在日出至日沒這段期間禁食,但是最終食物消費量卻增加了百分之三十。部分原因是因為結束齋戒的晚餐,往往會變成一場極盛大的宴會。

✚ 修養精神的禁食

禁食在各宗教間如此普及,到底目的何在?不管是哪種宗教,對此都提出了心理與生理有關的目的。

在心靈層面,禁食與其所帶來的痛苦,並非禁食的目的,真正的重點是禁食能帶來精神方面的好處,使禁食者能擁有更豐富且靈敏的感性與體悟,這也是為什麼在《妥拉》、《福音書》或《古蘭經》中,講述禁食時,也都一定會提到祈禱。

話說回來,這也不是在說禁食就一定代表苦行。人的意識也會因為禁食變得更加清明,而強化與宗教的感應。在神祕主義的觀點下,斷食能讓人覺得身體變得輕盈,也更容易與敬拜的神在精神上有所連結,如果更極端一點,極度禁食甚至能讓人靈魂出竅、恍惚或產生幻覺。

某位神祕學家的節食期間

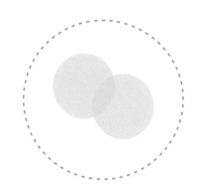

53 年之久

天主教神祕學家瑪德羅賓（1902-1981年）曾經一週只吃1～2片聖餐餅，並持續了53年。

由於禁食與人體的生理機能有絕對的關係，也會對身體造成一定的影響，所以宗教也將這些影響與宗教行為產生連結，這包括「不執著」、「超越」、「回想」這三種形式。

而在堅持禁食的信徒眼中，真正的目的是透過斷絕生存所需之物，將體能逼入絕境，而讓自己重新聚焦，並回歸信仰的核心與原點，所以猶太教徒在每年七次的齋戒期間，都會沈思自我認同的三大支柱，也就是「民族」「妥拉」與「應許之地」。同樣的，基督教徒也會在大齋期（四旬節）期間禁食，並在為期四十天的齋戒結束之後，在復活節的早晨慶祝基督復活，而基督復活也是基督教徒的信仰核心。此外，佛教徒也認為禁食是涅槃的關鍵，以及走向解脫的第一步。

✤ 禁食是個人與集團的體驗

不過，由於禁食與人體的生理機能有絕對的關係，也會對身體造成一定的影響，所以宗教也將這些影響與宗教行為產生連結，這包括「不執著」、「超越」、「回想」這三種形式。

首先要解釋的是「不執著」的部分。禁食是讓肉體屈服的最佳武器之一，並藉此將心理與生理分離。對印度教徒而言，不執著肉體，就是跳脫輪迴的序曲。

其次是「超越」。印度教的苦行僧（sadhu）便是跳脫了印度傳統文化的種姓制度，透過禁慾而得到悟道的資格。同樣的道理，猶太教徒也非常重視齋戒，其中在贖罪節的齋戒讓信徒

40 天

這是基督教在大齋期（四旬節）的主要禁食期間。四旬節起源於耶穌在傳道之前禁食四十天的事蹟。四十這個數字在聖經之中，是非常重要的意象，比方説，大洪水持續了四十天才退，以色列人在荒野漂泊了四十年，大衛王與所羅門王掌權的日子也是四十年。就連耶穌也是在復活之後的四十天才昇天。

可以「得蒙潔淨，脫離所有的罪」。

最後則是「回想」。禁食所導致的不適感，能讓信徒（重新）體驗前人或同時代的人所經歷過的痛苦，同時記住自己的原罪。

另一方面，在宗教學的領域之中，要為所有宗教建立分類是非常困難的，而禁食卻為此提供了一個有趣的切入點。比方說，不以贖罪為主軸的宗教雖然不會禁止信徒禁食，但通常也認為禁食是無益的，因此也不太重視禁食或齋戒。與之相對的是必須透過實踐教義才能求得救贖的宗教，則有時會將禁食視為一種義務。

錫克教被歸類為前者，也是這類宗教的佼佼者。只要仔細爬梳錫克教經典《古魯・格蘭特・薩希卜》就會發現，其中有不少段經文都直接或間接地否定了禁食：「朝聖、禁食、齋戒、苦行沒有任何益處」。

而在基督教之中，推動宗教改革的新教也有著類似的理念。新教對於禁食的看法濃縮在《以賽亞書》這一節：「我所要的禁食，難道不是要你鬆開兇惡的繩……或把你的餅分給飢餓的人嗎？」（58：6-7）。

不以贖罪為主軸的宗教雖然不會禁止信徒禁食，但通常也認為禁食是無益的，因此也不太重視禁食或齋戒。

詩歌與音樂扮演了何種角色？

一神教

　　「歌唱等於祈禱兩次」，這是聖奧古斯丁（或稱希波的奧斯定，354～430）的名言。這位身兼天主教精神領袖與神學家的主教，透過這句話想表達的是：詩歌與音樂不只在「聖經傳統」（tradition biblique）中負責教義的傳承，也在亞伯拉罕宗教體系裡，形塑了重要的傳統文化。這些詩歌與音樂有時會依循著完整且複雜的系統創作而成，不但能抒發教徒對信仰的情懷，也能為所傳播的宗教訊息帶來更多影響力。

鐘
BELLS

What is the Role of
Music and
Singing ?

宣禮員
MUEZZIN

☪ 伊斯蘭教

聖歌與人工的音樂

　　在伊斯蘭教中，音樂問題往往會引起一些討論。聖歌與「人工的」音樂，也就是發自樂器的音樂，並不享有相同的地位。前者是讚美及崇拜上帝所不可或缺的，但必須依照規則正確地唱誦。

禮拜

　　在伊斯蘭教中，通常會由宣禮員（也稱穆安津）負責於特定時間在清真寺的宣禮塔上喚拜，以唱誦的方式，呼喚穆斯林放下一切活動進行禮拜。穆斯林在聽到宣禮員的呼籲之後，不管是在家裡還是在清真寺，都會開始進行禮拜，包括跪拜、念誦《古蘭經》部分篇章等等，而在念誦經文時，還有一套被稱為「泰吉威德（tajwīd）」標準發音規則，被認為是誦讀《古蘭經》最正確的方式。

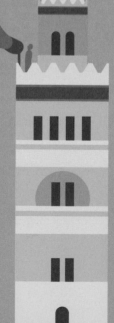

✝ 基督教

巴哈的聖詠清唱劇

209部

這是巴哈為了天主教儀式所做的聖詠清唱劇（cantata）數量。其中包含《上主是我堅固保障》（Ein feste Burg ist unser Gott）與《諸土齊頌天主》（Jauchzet Gott in allen Landen）等等。

歌曲與祈禱

對於基督教徒來說，「祈禱的法則（lex orandi）」與「信仰的法則（lex credendi）」兩者是密不可分的，因為他們是根據信仰的方式祈禱，同時也是用祈禱的法則去信神。同時也是用祈禱的法則去信神。

合唱

自中世紀以來，以拉丁文演唱的單聲部聖歌（最經典的例子為《葛利果聖歌集》），雖然被羅馬天主教會認為是最適合用於典禮儀式的聖樂（依照梵蒂岡第二屆大公會議認定），不過在此之後，則出現了越來越多的多聲部齊唱聖樂曲，在二十世紀之後，使用各地不同語言的宗教歌曲也越發普及。而在十六世紀帶領新教推動宗教改革的馬丁路德，本身也是音樂家與作曲家，所以信徒也非常積極參與禮拜，並以當地語言進行合唱。

✡ 猶太教

➊ 號角

號角（Shofar）是以公羊長角製成的樂器，其聲響象徵著神聖與世俗之間的界線，將兩側的時間一分為二。在《新約聖經》之中，宣告新時代來臨的號筒就是以號角為原型。「當末次號筒吹響的時候……我們也要改變」（哥林多前書，15:52）

➋ 從摩西到所羅門

被神命令在禧年吹起號角的摩西（《利未記》25:9）、「在神面前，以琴瑟鑼鼓號歌唱」的大衛（《歷代志》上 13:8）或是編撰詩篇的所羅門後裔的猶太人，都是「歌唱之民」。在《光輝之書》（zohar，猶太教神祕主義之一卡巴拉派的聖經）之中還提到「以色列人透過歌唱脫離了流浪」。

➌ 豎琴與笛子

從聖經開頭的幾個篇章開始，人類就被分成四個「階級」，從事主要的四種職業。其中一種就是「彈琴吹簫之人的祖師」（創世記 4:21），也就是演奏家與歌手。

詩歌與音樂扮演了何種角色？

II 多神教

What is the Role of
Music and **Singing** ?

頌缽
SINGING BOWLS

舞蹈
DANCES

　　對於亞洲的各大宗教而言，音樂的地位至關重要，尤其是具有近親關係的印度教與佛教更是如此。以至於這些宗教對西方世界形成了強烈的既定印象，例如提到佛教，大部分的西方人想到的是隨著南印度弦樂器「維納琴（Veena）」起舞的怛特羅密教之舞，或是迴盪著鐘、缽、丁夏（西藏碰鈴）悠揚旋律的西藏寺廟，但這些只是亞洲宗教的其中之一。

☬ 錫克教

　　錫克教經典《古魯・格蘭特・薩希卜》常伴著音樂朗讀，有時也會隨著音樂哼唱，聽起來十分單純莊嚴，經典之中的一字一句也隨之昇華至更高的境界。由於內容非常緊湊，所以演奏無法因為任何理由而中斷。

✿ 佛教

丁夏（碰鈴）

這是一種金屬製的小鈸，能發出優美的和音。常用於舉辦儀式，或於進行冥想之際，幫助信徒區分不同階段。

頌缽

頌缽看起來像容器，卻不是容器，實際是上下顛倒的「鐘」，音色與丁夏相近。在傳統的製作方式之中，頌缽會以七種金屬（銀、銅、錫、鐵、水銀、金、鉛）製作，而七種金屬象徵著不同的天體（月亮、金星、木星、火星、水星、太陽、土星）。

搖鈴

也稱「金剛鈴」，由鈴柄、中為空洞的鈴身與掛於鈴身內負責發出聲響的鈴舌所構成，旨在透過鈴舌之聲實踐佛陀的教誨，抹去名為現實的虛幻。

ॐ 印度教

在印度教裡，音樂不只是信仰的附加物，更是受眾神喜愛的語言。眾神不但會被美麗的旋律吸引，同時也是音樂家，對於印度教來說，這些都是理所當然的，因為最能彰顯神性的就是音樂。

❶ 吹笛子的黑天神

黑天神能以單純的管樂器吹奏美妙的音樂，同時吸引信徒。

❷ 演奏維納琴的辯才天女

在演奏歷史悠久的弦樂器時，辯才天女（Sarasvatī）就是自己所掌管的知識與藝術的化身。

❸ 濕婆神的舞蹈

濕婆神也被稱為舞蹈之神（Nataraja），祂的舞蹈是世界不斷再生的象徵。

❹ 拍打神鼓的象頭神

在印度教萬神殿（Pantheon）之中，身為智慧之神的象頭神應該是最受歡迎的神祇，他會一邊拍打著神鼓，一邊隨著鼓聲的節奏掃除一切障礙。

信仰需要學習嗎？

當信徒被無神論者問到與宗教相關的神奇事蹟（例如瑪利亞處女懷孕、耶穌走在紅海海面上這類故事）時，他們通常會回答這句話：「信心是一切的答案！」。雖然這是幾經思考之後才得出的結論，但其實也誘發了另一種煩惱。這可能代表信仰是一門不計較合理與否的特殊知識，也是一種不願被挑戰的學習體系。

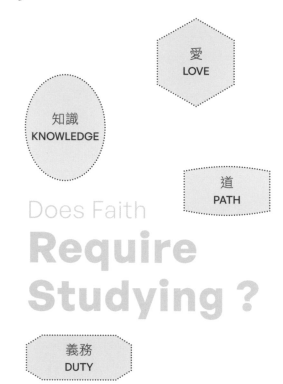

Does Faith
Require
Studying ?

話說回來，一如前述，信仰並不屬於普遍認知的知識領域，而比較像是另闢蹊徑。奧地利哲學家路德維希維根斯坦（Ludwig Josef Johann Wittgenstein，1889-1951）曾將知識定義為「穩定而確定的事實，沒有任何掙扎或質疑」，由此可知，信仰不符合這個定義，因為信仰包含了部分的掙扎與鬥爭。基督教的聖保羅也曾大力主張這一點：「要穿戴神所賜的全副軍裝……此外，又拿著信德當作籐牌，可以滅盡那惡者一切的火箭」（《以弗所書》6:11~16）。

同樣的，伊斯蘭教徒也被鼓勵要在真主的道路上奮鬥（jihad，這個單字常被翻成「聖戰」，但原本是「努力、奮鬥」的意思）。

就連看似「靜態」的佛教，其精神

要成為天主教的司鐸，平均需要學習 **6** 年

第1課程	第2課程	第3課程
2年內： 哲學課程	1年內： 在小教區「研修」 ＋ 2年內： 神學	1年的「執事」： 舉行各種儀式 （洗禮、結婚典禮）

世界也需面臨不同的掙扎，就連佛陀在悟道之前，也必須全力與魔神魔羅（mara）對抗。

✢ 信仰之中的學習是一種義務

而學習正是用於這類鬥爭的武器之一。猶太教規定信徒要致力宣揚神頒布的《妥拉》（律法），而要做到這點就必須學習。

關於這一點，塔木德（Talmud）記載了無數教誨。中世紀偉大的賢者邁蒙尼德（1135～1204）認為，「不管是窮人、富人、健康的人、病人、年輕人、年長者、身體衰弱之人，只要是猶太人就有學習《妥拉》的義務」（Mishneh Torah，塔木德・妥拉，16）。

此外，伊斯蘭教也將學習視為奮鬥（jihad）的主要元素之一。《聖訓》是記錄穆罕默德一言一行的言行錄，而這個言行錄編撰者之一的納瓦維（1233-1277，al-Nawawi）就曾指出，穆罕默德曾明白表示「我們只

該背誦的古蘭經節數

6,236 節

這是得到「哈菲茲」（hafiz，守護者）稱號之人所能背誦的節數，也就是古蘭經的所有節數。得到這個稱號意味著得到直通天國的地位。

能忌妒蒙神應允，學習《古蘭經》，不分晝夜閱讀《古蘭經》，有機會省思《古蘭經》內容的人」（Riyad al-salihin，正義者的花園，180:997）。伊斯蘭教哲學家阿維羅伊（1126～1198，Averroes）也曾經提到「利用先賢撰寫的義務學習，是神的律法所規定的義務」（Fasl Al-Maqal Fima Bayna Al-Hikmah Wa-Al-Shari'ah Min Al-Ittisal，哲學與宗教融合的決定性論說）。

　　另一方面，就算是位於光譜另一端的佛教，也非常重視學習，其重視程度完全不會遜色於其他宗教。日本大乘佛教僧侶日蓮（1222-1282）就將學習視為佛教的三大支柱之一，學習與信仰、祈禱的地位相當，還曾說「若無實踐或學習，佛教就不是佛教」（出自《諸法實相抄》）。

「不管是窮人、富人、健康的人、病人、年輕人、年長者、身體衰弱之人，只要是猶太人就有學習妥拉的義務」。

1843 年

這一年，年僅 25 歲，以博學強記聞名的卡爾馬克思，透過德謨克利特以及伊比鳩魯的唯物論取得哲學博士，也在其著作《黑格爾法哲學批判》中將宗教描述成「群眾的鴉片」。

✛ 為了與神相遇的學習

不過，學習不只是通往神的道路，更是與神相遇之處。

也因此，許多宗教都毫不猶豫地將「愛」稱為接近神的手段。這種說法不只適用於蘇非主義（Sufism，伊斯蘭教的神祕主義）、瑜伽、靜修（hesychasm，正教的神祕靜默主義、修道思想）這類神祕主義信仰，也通用在所有宗教的信徒上。米蘭的聖安布羅西烏斯（Ambrosius）對此曾簡潔地如下解釋：「閱讀聖經的時候，我彷彿與神在樂園散步」（書簡 49）。

其中，對於學習與愛最美麗的形容，當屬虔誠的猶太教徒在注釋集寫下的這段話：「沒有學習，沒有對話」，而這個對話正是神所期待的。對於猶太教徒來說，與神之間的關係就是猶太教的精髓。「聖經不只是神的話語，還是神與人的話語，更是啟示與應答的證言」（亞伯拉罕約書亞赫舍爾，《覓人的上帝－猶太教哲學》，1955年），因為神的一切充滿了謎團。若回到開頭的討論，就可以得出「神不是無法了解的存在，而是無法完全了解的存在」的這個結論。

因為神的一切充滿了謎團。「神不是無法了解的存在，而是無法完全了解的存在」。

該如何提升精神的層次？

How to get a
Spiritual Height

道
PATH

大部分的宗教都希望信徒能走上提升精神層次的道路，但其中有些宗教則是例外，例如印度就就將時間與歷史看成一個循環，並將宇宙的周期「宇迦」（yuga）視為「永恆輪迴」（ewige Wiederkunft）*的行程*。

不過，就算所有的信徒都希望達到宗教的理想境界，卻不是每個信徒都能抵達相同的階段，有些是初信者，有些則是資深信眾，有些是弟子，有些則是師父。

* 米爾恰伊利亞德（1907 ～ 1986，羅馬尼亞宗教學家與作家）

✡ 猶太教

10 個階段

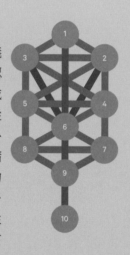

屬於猶太教神祕主義之一的卡巴拉派，認為精神的淨化可分成下列這些階段：服從物質世界→執著於外表→發現理性→情緒的淨化→內觀心中的美麗→清淨的規律→同情→→神的超越性→純粹的行動→本質的終極淨化。

✺ 佛教

佛陀選擇蓮花來代表悟道的過程。蓮花會在泥中紮根，吸取清澈的水，再於空中綻放美麗且純潔的花朵，而這與人類身陷宛如泥沼的俗世煩惱後，因充滿佛法而改變，最終得以涅槃的過程恰恰相同。

悟道成佛

涅槃的喜樂

象徵佛法的活水

煩惱的泥沼

✝ 基督教

聖女大德蘭，不但是加爾默羅教會的改革者，更被認為是近代最偉大的天主教聖人之一。她秉持著身為教育家的感性，在其著作《七寶樓台（El castillo in terior o Las moradas）》中，以其故鄉亞維拉的城牆，來比喻精神層次提升的過程。這座城共有七層，在靈魂升至最高之處，有一顆晶瑩剔透的鑽石，基督也正是這顆鑽石。

聖女大德蘭提出的「靈魂七層樓台」

第 7 層樓台
第 6 層樓台
第 5 層樓台
第 4 層樓台
第 3 層樓台
第 2 層樓台
第 1 層樓台

7 與基督在屬靈方面的婚合，以及與三位一體屬靈的交流。

6 內在大幅淨化，渴望靈魂得到救贖的熱情，也希望展開布教之旅。

5 堅信神的存在，但內心的痛苦會不斷試探信心。

4 在默觀祈禱之中與神合而為一，但需要與外界完全斷絕。

3 實踐道德之中的德，不過需要進一步謙虛與服從。

2 實踐祈求（祈禱）與節制，但還是很容易受誘惑。

1 尋求完美，但對外界還是過於執著。

☪ 伊斯蘭教

伊斯蘭教徒平日就服從伊斯蘭律法的各種許可（halal）與禁止（halam）事項，但也有一些較為特殊的教派，強調的是感受真主之愛的內在體驗。那就是於十世紀登場的蘇非主義。

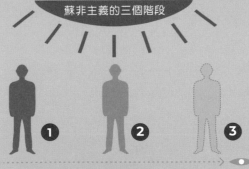

蘇非主義的三個階段

① ② ③

越來越容易接受阿拉的意志。

1 懺悔
· 信徒在道德上、精神上的行為
　與自我鬥爭。拒絕一切不屬於真主的事物。
· 對信徒的靈魂的影響
　信徒會發現自己是虛無的、渺小的。會敬畏神的威嚴，也會服從與渴望真主的力量。

2 全面的皈依與完全的信仰（iman）
· 信徒在道德上、精神上的行為
　學習忍耐，禁慾與禁酒。
· 對信徒的靈魂的影響
　信賴阿拉，渴望服事真主，享受與真主的親近。

3 被阿拉接納（fanā）
· 信徒在道德上、精神上的行為
　完全的透明化。真主將成就一切。
· 對信徒的靈魂的影響
　平靜。默想。堅信。

如果神無所不知，
人類是否擁有真正的自由？

全知全能的神不會有任何疏漏，祂知曉過去、現在與未來的一切。神知道我面前有一瓶牛奶，知道這瓶牛奶是瓶裝的，也知道裡面裝的是牛奶，更知道瓶子與牛奶的生產過程。雖然我也能知道這些事情，但神與我不同的地方在於，祂還知道我接下來會在什麼狀態下喝掉這瓶牛奶，知道這瓶牛奶是否被細菌汙染，也知道我會不會因此得到沙門氏菌感染症，以及我會不會因為這個感染症而無法寫完本書。換言之，全知的神理所當然具有預知能力。

命運
DESTINY

全知
OMNISCIENCE

If God Knows All,
How Can
We Be Free ?

自由意志
FREE WILL

既是如此，一個問題也隨之出現。那就是，如果神預先知道我會喝這瓶牛奶，也知道我喝下的結果，那我又該如何相信我擁有真正的自由意志呢？感覺不自由可能才是理所當然的，因為我的一舉一動以及未來所有的選擇，都在神的掌握之中！

✛ 神「無所不知」

話說回來，所有的神都是無所不知的嗎？在猶太教與基督教中的確是如此：神是永恆不變，而且無所不知的。如果有什麼事情是神不知道的而必須去認識，這就是一種變化，也違反了永恆不變的定義。根據聖奧古斯丁的

聖母瑪利亞的訊息

3 個祕密

1917 年，聖母瑪利亞於法蒂瑪（葡萄牙中部的行政區）的三位牧童面前顯聖之際，告訴了牧童們三項訊息。在 1942 年公開的第一個祕密與地獄有關。同年發表的第二個祕密預言了俄羅斯的改宗。於 2000 年公開的第三個祕密，則被視為是 1981 年天主教教宗若望保祿二世暗殺未遂事件的預告。

說法，神知道所有已成就與尚未成就之事。「在祂並沒有改變，也沒有轉動的影子」（出自《創世記註釋》，De Genesi ad Litteram，1, 18:36，引用雅各書 1:17），換言之，全知必然伴隨著永恆不變。

伊斯蘭教也將神的全知視為信條之一，同時與全知相對應的是全能。《古蘭經》也一再重申這一點：「真主確是天地間任何物所不能瞞的」（《古蘭經》3:5）。對伊斯蘭教徒來說，神的超越性（transcendence）意味著神的任何屬性都是絕對的，所以神的

「所知」就是「無所不知」，也因此，不管是宇宙的創造，還是區區一個人類的誕生，都寫在天經（al-Lawh al-Mahfuz）裡。「難道你不知道嗎？真主知道天地萬物，這確是在一本天經裡的。這對於真主確是容易的」（《古蘭經》22:70）。與此同時，這一切都是神的意旨所致。

那麼吠陀宗教體系或亞洲的其他信仰文化又是如何呢？要以上述的框架去分析這些宗教是不可能的，因為這些信仰或思想體系的「神」不只一位，甚至有時候沒有所謂「神」的概念，

115 國

這是在 2014 年，仍限制、縮減、或完全沒有信仰自由的國家數量。這個數字相當於全世界國家總數的六成，下列的二十個國家仍有部分宗教受迫害的情形，而且這些迫害不一定來自於公權力：緬甸、北韓、古巴、阿拉伯聯合大公國、伊朗、卡達、阿富汗、中非共和國、埃及、伊拉克、利比亞、馬爾地夫、奈及利亞、巴基斯坦、沙烏地阿拉伯、索馬利亞、蘇丹、敘利亞、葉門、厄利垂亞。

● 嚴重的迫害

● 中等程度的迫害

人類雖然是自由的，但這份自由源自理性，所以與所有合理性的源頭，也就是神的意旨是一致的

例如在孔子、老子或佛陀的教誨之中，都很難可以找到類似亞伯拉罕宗教的「全知全能之神」的概念，以及與之相關的自由意志（見下段詳述）。在佛教之中，真正的自由是最終目標，取決信徒的選擇，而非為每個人預先鋪好的一條路，只有悟道才能解脫輪迴，得到真正自由。

❖ 神的意旨與個人的自由意志 該如何兼顧？

話說回來，主張神無所不知的宗教，又是如何解釋神的全知與個人自由意志之間的關係呢？受到聖奧古斯丁與聖多瑪斯阿奎納的理念影響，天主教教義承認上帝在造人之際，賜給人「自由意志」，之後又立刻提到，上帝也賜給人「理性」，所以人類雖然是自由的，但這份自由源自理性，所以與所有合理性的源頭，也就是神的意旨是一致的。

那麼無法預測的自由意志，又該如何與永恆不變的神之意旨並存呢？答案是「受時間性質的差異」。人類活在時間之內，但神卻是超越時間的存在，換言之，神不知道未來，因為神身處於永恆的現在。這是繼承中世紀「經院哲學」的學者於十六世紀提出的答案，大部分的猶太教神學家也接受這種說法。

乍看之下，這似乎是很巧妙的解答，但它仍導致了一個僵局，或者該說是一個難解之謎。換言之，就是「與無限而完美的願望同樣無限而完美的智慧」*的迴圈。

另一方面，伊斯蘭教的答案則具有決定論的特色。雖然與上述提出的方向類似，答案卻更加明確。伊斯蘭教認為，人並沒有所謂的自由，因為所

禁止占卜的天主教律法

第 2116 項

《天主教探題》（1992 年）明文譴責了占卜。第 2116 項提到「一切形式的占卜應該拋棄：無論是求助撒旦或魔鬼、招魂或其他誤以為能夠『揭露』未來的做法。觀察星座、行占星術、行手相術、解釋徵兆和命運、相信神視現象、求助靈媒，都是有意掌握時間、歷史甚至人類，同時也希望為自己贏得神秘力量的支持」。

謂的「自由」其實是偏離神的掌握，遠離神安排的命運，是難以理解的行為。「真主只依各人的能力而加以責成」（《古蘭經》2:286）。

* 出自嚴規熙篤隱修會《命運、預見、自由》（Th. Simonin, O.C.S.O，Prédestination prescience et liberté，1961 年），《布魯塞爾新神學評論雜誌》1963-85-7 收錄。

究竟何謂救贖？

　　傳說中，在十八到十九世紀活躍於法國的偉大科學家拉普拉斯，在提出有關宇宙的論述時，曾被拿破崙指責「為什麼沒有提到神」，而拉普拉斯回答「我不需要這種假說」（儘管他並不是無神論者），這則關於他的小故事，也不禁讓我們思考「人對神（宗教）的需求為何」這個問題。

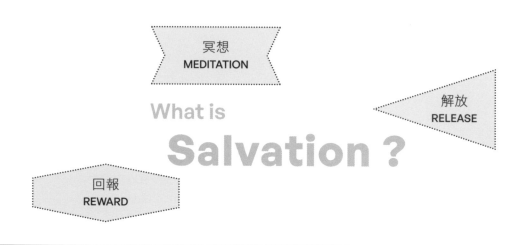

　　事實上，即使是以完全無私的精神實踐宗教教義，而且「不指望償還」（《路加福音》，6:35）——正如天主教神祕主義者范尼隆（Francois Fénelon）主教，與蘇非主義詩人伊本阿拉比（Ibn al-'Arabī）所提倡的「以純粹的愛投入信仰」——在這過程中，也依然滿足了人對神性的親近與追求超凡的心靈需求。

✥ 許多宗教都有「解脫」的救贖

　　對猶太教來說，所謂的救贖，可以從下列歷史中的兩個事件得到充分定義。第一個事件是被奴役的希伯來人逃出埃及，當摩西穿過被分開的紅海之後，曾如此歌唱讚美主：「耶和華是我的力量、我的詩歌，也成了我的拯救」（《出埃及記》15:2）。另一

可獲得救贖之人的比例

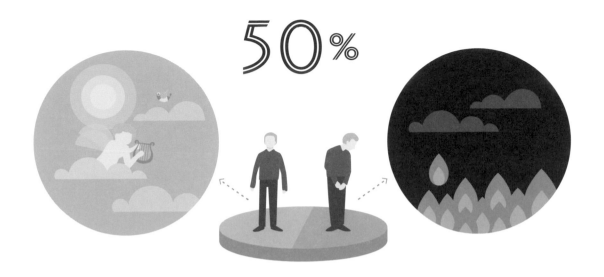

50%

如果完全照字面解釋路加福音 17 章耶穌所說的話，那麼上述的數字就是「可獲得救贖之人的比例」。「人子顯現的日子也要這樣……我對你們說，當那一夜，兩個人在一個牀上，要取去一個，撇下一個。兩個人在田裏，要取去一個，撇下一個」（路加福音，17:30、34 ～ 36）。話雖如此，所有嚴謹的基督教解經學家都認為，這段話只是一種比喻，用意在勸人悔改（改宗），並不是要精密執行的比例。

個事件則是希伯來人被擄往巴比倫成為「巴比倫之囚」，之後因為新巴比倫帝國敗給了波斯才得以獲救，當時神所給予的安慰話語，就包含著救贖與解放意涵 *1。由此可見，對猶太教而言，救贖既意味著從敵人手中得到解放（包括肉體與精神），也是對崇高的神懺悔，並從中認識神的力量。

另一方面，對基督徒來說，上述的這兩個事件還預示了另一個事件，那就是基督的復活。對於基督徒來說，基督復活象徵著對身體與靈魂的解脫，從此超越了物質與世俗的一切限制。

那麼，基督要從誰的手中拯救世人，或是讓人遠離什麼呢？答案就是所有人類與生俱來的罪，也就是脫離原罪的支配。就像是樂園裡暗中引誘亞當與夏娃犯罪的蛇一樣，原罪會在任何時間與空間持續糾纏著人類。

究竟何謂救贖？　*125*

絕對會獲得救贖的人數

7,000 人

依照天主教的理論，有一群人是絕對會獲得救贖的，那就是被天主教會正式認可的聖人與真福者，一共約有 7,000 多人，名字全部記載在《羅馬殉道聖人錄（Roman Martyrology）》之中，其中包括 81 位教皇。

所謂的救贖就是從敵人手中得到解放（包括肉體與精神），也是一種對崇高之神的懺悔，並且從中認識神的力量。

✤ 印度教與佛教的解脫

而在印度教、佛教以及其他與佛教有淵源的宗教（如道教、日本神道）中，「解脫」通常就是信徒所追求的「目標」，換言之，就是跳脫輪迴（對印度教徒來說是「超脫」，對佛教徒來說是「涅槃」）。

印度教徒可透過信仰、無私的奉獻與內省的冥想，得到生死的解脫[2]，而對佛教徒來說，解脫則代表不再對「存在」有所渴望，因為這種渴望不過是無意義的執著，而個人的靈魂只是一種錯覺。[3]

✤ 對伊斯蘭教徒來說，救贖代表「修正」

對伊斯蘭教，救贖又是什麼？有些讀者或許會覺得可以參考同為亞伯拉罕宗教體系的其他宗教，但伊斯蘭教並沒有「原罪」這個概念，換言之，每個人出生的時候，都是純淨的無罪之身，人類犯的罪（或重罪）都是偶發的事件，換言之，只要認罪並悔改即可（當然，得打從心底真誠悔改才行）。

因此，伊斯蘭教徒不需要像上述宗教如猶太教、基督教、印度教或佛教一樣，努力追尋個人存在的解脫。說得更清楚一點，伊斯蘭教的救贖就是

崇拜阿拉，依照戒律過生活所得到的回報，但與其說這個回報是一種「解脫」，倒不如說是改過自新，同時「修正」人生軌跡。

伊斯蘭教傳承學者伊本馬哲（Ibn Majah）曾在編撰《聖訓》時如此說明上述的概念：「信徒若犯了罪，就會在心裡留下污點。當他們悔改，不再犯罪，向阿拉乞求原諒，他們的內心就會變得潔淨。不過，若是一直犯罪，不斷地在內心留下污點，最終內心就會被完全染黑」。

*1 在那時候，「你們的神說：你們要安慰，安慰我的百姓。要對耶路撒冷說安慰的話，又向他宣告說，他爭戰的日子已滿了；他的罪孽赦免了」（《以賽亞書》，40:1-2）、「你這蟲雅各和你們以色列人，不要害怕！耶和華說，我必幫助你。你的救贖主就是以色列的聖者」（《以賽亞書》，41:14）

*2 「對於一個崇拜我，放棄一切活動給我，沒有違背地皈依我，從事於奉獻性服務和經常地冥想着我的人，他將心意固定於我。啊，彼利妲之子，對他來說，我是生與死海洋的迅速拯救者。」（黑天神，《薄伽梵歌》 第 12 章 7）

*3 「彼於諸覺支，正心而修習。遠離諸固執，樂捨諸愛著，漏盡而光輝，此世證涅槃」。（《法句經》89 偈）

為了悟道而需擺脫的煩惱

在佛教之中，要悟道並從輪迴解脫，必須擺脫十種煩惱與束縛，也就是「十結」（《法集論》）。

❶ 身見結：對自我存在的錯覺

❷ 疑結：對佛法的懷疑

❸ 戒禁取結：對習慣與儀式的執著

❹ 欲貪結：感官色慾

❺ 恚結（瞋結）：怒氣與惡意

❻ 色愛結：對現實的各種欲求

❼ 無色愛結：對形而上的渴求

❽ 慢結：驕傲自大、比較心

❾ 掉舉結：精神動搖與不安

❿ 無明結：愚昧無知

各宗教如何描述彼世？

　　所有宗教都會向其信徒提出一個能超越現世的願景，一個可以前往的、位於現今世界之外的另一個世界，這個超越可以是時間上的、空間上的，或是認知現實（本體論）上的。在生命終結之時（或者對某些宗教而言，只不過是將碼錶重置為零，之後將繼續投入下一段人生），一個疑問仍然存在：抵達生命終點之後，接著將通往何處？此時通常會出現審判者（或超自然的力量）來做出決定，而且判決必是二元的：不是向右就是向左。也因此，每個宗教都事先為此制定了規則，告訴信徒該怎麼選擇，才能進入那「完美的」場所與理想的來世。

天國
PARADISE

How Do Religions
Tell About
the Beyond ?

煉獄
PURGATORY

地獄
HELL

讓我們先從猶太教開始說起，從亞伯拉罕時代（編註：一般認為是西元前2000年左右）到耶路撒冷神殿被破壞的西元70年這段期間，猶太教徒對來世的看法出現了決定性的變化。最初，亞伯拉罕、以撒、雅各的後裔並未多去思考未來，對他們而言，重點是要專注「當下」以及與神的關係。

的確，天堂樂園是存在的。亞當與夏娃被迫離開的伊甸園是位於東方的愉悅之地，同時還有另外一塊土地正等待著他們，那塊陸地是為了他們所造，是他們的應許之地，聖經描述那是「流奶與蜜的土地」。

然而，令人遺憾的是，這塊土地雖然是神所賞賜的，卻無法免於災難。猶太人曾背離了信仰，甚至成為其他事物或偶像的子民，而失去了上帝的恩寵與土地，被迫在曠野繞行流浪，於是懺悔的心使他們再次轉向上帝，同時心懷神所賞賜的土地 —— 即使這片應許之地已成為一種形而上的象徵 —— 因為那是為流亡劃下休止符的終極之地，也是他們當初與上帝所立的盟約將實現的地方。

✤ 從靈魂的審判到煉獄，直到永遠的幸福

延續上述的事蹟，基督教對於人死後的命運，做了如下的預示：罪人

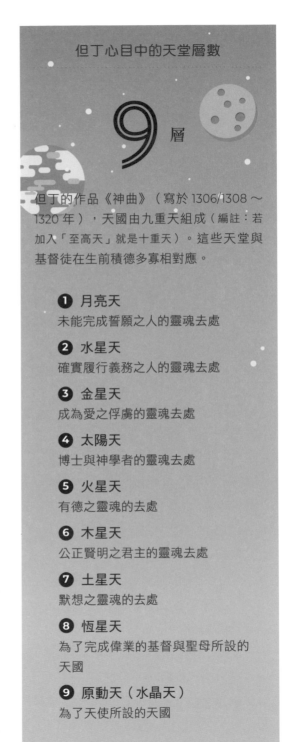

但丁心目中的天堂層數

9層

但丁的作品《神曲》（寫於1306/1308～1320年），天國由九重天組成（編註：若加入「至高天」就是十重天）。這些天堂與基督徒在生前積德多寡相對應。

❶ 月亮天
未能完成誓願之人的靈魂去處

❷ 水星天
確實履行義務之人的靈魂去處

❸ 金星天
成為愛之俘虜的靈魂去處

❹ 太陽天
博士與神學者的靈魂去處

❺ 火星天
有德之靈魂的去處

❻ 木星天
公正賢明之君主的靈魂去處

❼ 土星天
默想之靈魂的去處

❽ 恆星天
為了完成偉業的基督與聖母所設的天國

❾ 原動天（水晶天）
為了天使所設的天國

被地獄折磨的五感

天主教教會聖亞豐索（Alfonso Maria de' Liguori）博士在其著作《關於死亡的準備以及永恆真理的考察》（Apparecchio alla morte. Cioè considerazioni sulle massime eterne，1758 年著）中提到，下地獄之後，五感會遭受永恆的懲罰。

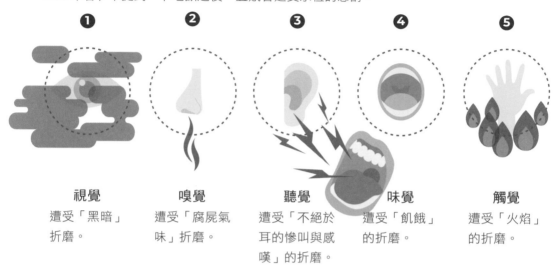

① 視覺
遭受「黑暗」折磨。

② 嗅覺
遭受「腐屍氣味」折磨。

③ 聽覺
遭受「不絕於耳的慘叫與感嘆」的折磨。

④ 味覺
遭受「飢餓」的折磨。

⑤ 觸覺
遭受「火焰」的折磨。

將墮入地獄，善者直接上天堂，在三位一體的神身邊享受永恆幸福。其中天主教認為這中間還有著「煉獄」（Purgatorium，也譯作滌罪所）的存在，信徒死後靈魂會在此進行淨化，洗去罪惡，以獲得上天堂的機會。

另一方面，伊斯蘭教徒的靈魂若想得到救贖，必須從靈魂離開肉體開始到復活這段期間不斷地奮鬥。一旦越過「彼岸」，也就是離開物質世界後，靈魂將來到一個類似煉獄的地方，名為「巴爾撒克」（Barzakh，有阻隔、障礙之意），並在該處接受審判。接下來的階段才是最關鍵的時候。伊斯蘭教徒必須通過橫跨在地獄之火（Gehenna）上方、每次踩上都搖搖欲墜的綏拉特橋（As-Sirat）。記載伊斯蘭教先知穆罕默德一言一行的《聖訓》曾指出，有些人走過這座橋的時候快如閃電，有些人則像風一樣，還有些人如鳥，「依照不同的善行，各有不同的速度」。

最後，被引導到「完美之人的場所」的靈魂將永遠停留在那裡，「在神的身邊享受絕對的幸福、完全的自由與無限的可能」，而且「不管先知再怎麼形容，也無法表達這份美好」（出自《完美之路》，La voie de la perfection，巴赫拉姆埃拉希，1976 年）。

72 人

根據《古蘭經》與《聖訓》，殉教的烈士可擁有 72 名純潔的少女（houris）作為妻子，但並沒有任何與性服務有關的內容（編註：關於記載的真實性目前也尚無定論）。

✥ 悟道就是消滅自我

佛教徒並不會夢想進入天堂，換句話說，他們並不追求得到永遠且絕對的幸福，而是希望自己能夠大入滅息（parinirvana，也稱般涅槃），簡單來說，是一切自體性與存在都滅盡，斷盡所有煩惱與輪迴。

眾生的靈魂始終處於「輪迴」（saṃsāra）之中，只是從一個生物進入另一個生物，不斷循環，而且輪迴的過程無法適用於任何的時間單位，只要靈魂還存在，就必須經歷每個階段（空無邊處、識無邊處、無所有處），最終達到已非常接近意識滅盡的「非想非非想處」狀態，或是更高層級的悟道「菩提」。

另一方面，充滿著豐富神祇與多樣教義的印度教，對於人類死後的命運沒有統一的解釋。不過，若是爬梳在西元前最後一千年之間編撰的經典《奧義書》（Upaniṣad），就會發現印度教具有下列的中心思想：人類，也就是靈魂，會透過行為而顯現本性，靈魂存在的基礎，也就是「一連串的本質」，也會隨著行為不斷開展，而這就稱為「業（karma）」。這裡的業會像是搬家一樣，跟著靈魂不斷地從一個生物移動到另一個生物，甚至可能多達幾百萬次以上。在輪迴的過程中，業力被善行淨化，才有跳脫輪迴的可能，甚至進入象徵神性的「梵」（brahman）與靈魂合而為一的狀態。根據不同的教派，這種合而為一的狀態，可能是一種自我消滅，也可能是無上的喜悅。

靈魂會從一個生物進入另一個生物，而這個循環稱為「輪迴」（saṃsāra）。

美好彼岸是什麼樣的地方？

解脫
MOKSHA

涅槃
NIRVANA

法國哲學家米歇爾胡林（Michel Hulin）曾在其著作《時間不為人知的一面：對來世的想像》（La Face cachée du temps : L'imaginaire de l'au-delà，1985）中，以四個角度為來世（死後的世界）做出分類。第一個是與生者世界的「距離」（近或遠），第二個是亡者的型態（有身體或只有靈魂），第三個是存在的概念（是不斷循環還是已經結束），第四個是審判的效力（是個人責任還是全面和解）。若是根據上述的分類思考，在普遍擁有信仰自由的現代，每個人都可以選擇（再次）於何處開始何種人生⋯⋯

☸ 佛教

涅槃

佛教徒追求的「頓悟」，在描寫佛陀入滅得證的《大般涅槃經》，是如此描述的：「於此，世尊由受想滅定起而入非想非非想定；由非想非非想定起而入無所有定；由無所有定起而入識無邊處定；由識無邊處起而入空處定」（編註：釋迦牟尼從「停止一切思考與感受」，進入「無知覺與非無知覺」境界，再到「超越知覺與非知覺的界定，真正空無一物」境界，而後是「心與心識無邊無際」，最後是「無限之空」）。

ॐ 印度教

解脫

解脫（moksha）就是從無限的輪迴中脫離並得到解放之意。與其說最終目的地是一種場所，不如說是進入一種狀態，信徒可透過行為（完成義務、服事他人）或認識（冥想與禁欲）還有祈禱達成。只要抵達這個階段，靈魂就不再有任何眷戀，能與絕對神性融為一體。

☾ 伊斯蘭教

天園

　　一旦被判定不夠虔誠，在通過橫跨地獄之火上方的綏拉特橋時，橋就有可能隨時崩壞，靈魂也將墜入地獄，如果能平安走過這座橋，就能抵達美好的樂園（Jannah，也稱天園）。那裡有清澈如蜜的河川，河面有浮遊的睡床，四周有散發著芳香的成熟水果，還有年輕貌美、永遠純潔的妻子們，以及無數的寶石和享之不盡的歡樂。

✡ 猶太教

伊甸園

　　在希伯來聖經《塔納赫》中，有不少詩歌與預言性的段落，例如詩篇、耶利米哀歌、以賽亞書、阿摩司書等等，而在這些文獻之中，神所在之處是這樣被描述的：「聖殿」（詩篇 11:4）、「用繩量給我的世界，坐落在佳美之處」（詩篇 16:6）、「青草地」（詩篇 23:2）、「象牙宮」（詩篇 45:9）「遭遇苦難之際的避難所」（詩篇 46:2）、「能抵禦敵人的堅固台」（詩篇 61:4）、「幸福與富有的家」（詩篇 112:3）。

✝ 基督教

天國

　　在《約翰福音》裡耶穌曾說「在我父的家裡有許多住處」（14:2），一些神學家認為此處指「三重天」（ouranos），分別是大氣層、星體空間，還有神所在之處。《希伯來書》稱之為「高過諸天」（7:26），中世紀神學家阿奎納（Saint Thomas Aquinas）則稱之為「最高天」（Caelum Empyreum）。那裡有三位一體的寶座、天使、聖潔的靈魂與殉教者（出自《啟示錄》6:9）。

政治與宗教能否共存？

政教分離是指將精神秩序與世俗秩序分離，這也是近代社會的主要價值觀之一，但其中隱藏著某種誤解，也因此產生了各種問題。

意識型態
SOCIETY

政教分離
SECULARISM

Can
Politics and
Religion Coexist ?

意識型態
IDEOLOGY

上述的誤解是指什麼呢？政教分離的原則，是將宗教自成一格的信仰文化與習俗體系，與管理國家主權的政治體系分開，其目的之一是為了讓教徒能更專注於靈性的發展。但對宗教而言，重點其實是要遵從神（或其他超自然存在）為人類集體命運及個人存在意義所提供的教誨，因此政教分離的行為，在宗教架構裡反而是一種例外。

而且就算是在政教分離的社會，宗教與其信徒也絕不會對政治領域失去興趣，因為這意味著宗教對人類不再投注關心，而與教義互相矛盾。

這也是為什麼在許多國家中，都存在著以宗教為基礎的政黨派系，例如德國基督教民主聯盟（CDU）、印度人民黨（BJP）（編註：提倡印度教至上與民族主義）、在埃及高舉薩拉非主義大旗（伊斯蘭教原教旨主義）的光明黨，還有在以色列以猶太教極端正統派社群為主要支持者的夏斯黨……等，簡直不勝枚舉。

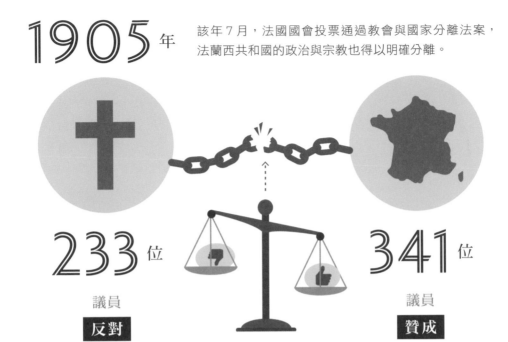

1905年

該年 7 月，法國國會投票通過教會與國家分離法案，法蘭西共和國的政治與宗教也得以明確分離。

233 位

議員

反對

341 位

議員

贊成

✤ 作為手段的政治與成為目的的宗教

政教分離難以實現的因素還有很多，其中之一就是政治是「盡可能找到最佳折衷方案的藝術」[*1]，這也代表政治決策往往會受不確定的因素所影響，但在某些宗教領域，教義與教條都是絕對且確定的，因此這類宗教在政治上有時會帶有太主觀的角度限制，並排斥其他領域中類似的主義或主張，而無法提供一個普遍適用的、多數人都能滿意的最佳方案。著名的案例可能是某些美國的五旬節福音派和二戰時的日本禪宗，如果了解他們的政治立場，有些人可能會感到失望。

從上述的背景與各種角度來看，對於這個如此迫切的難題，也是本世紀最大的挑戰之一，該如何看待呢？首先，政治關注的是手段，而非目的，問題的核心是看清它是作為什麼目的的手段；這也正是宗教可以發揮作用的地方。

如果只從最基本且直覺的面向上看，宗教也的確是一種手段，或者可說是一種工具，但宗教的目的是明確已知的，各宗教都有其特殊的目的，例如：救贖、與神結合、解脫、悟道

印度宗教政黨的黨員人數

8,800 萬人

雖然印度是以政教分離共和國的概念建國，但是到了 1980 年代之後，以印度教為中心思想建黨的印度人民黨（BJP）卻開始崛起，逐漸擴展勢力，並在 1998～2004 年以及 2014 年至今執政，到了 2015 年 3 月之後，黨員更增加至 8,800 萬人，也被視為全世界最大的政黨。

宗教向來知道要追尋什麼，儘管宗教不如政治那般擁有權力

等等。作為實現無法確定目的的一種手段，政治猶如只能用單腳行走，而宗教的手段則是為了實現一個已確定且由宗教負責擔保的目的，因此更加強勢。這也是為什麼宗教往往會試圖去支配政治，因為宗教向來知道要追尋什麼，儘管它不如政治那般擁有權力。因此，真正的問題在於政治與宗教之間的緊密程度，或是分離的程度，而不是在於兩者之間的連結（通常是互相利用）具有何種性質。

1941 年，羅馬教宗庇護十二世對於政教分離的爭議，曾以下列這段話總結了宗教的部分：「靈魂是走向善還是惡，往往取決於所處社會的結構與形式是否符合神的律法」。換言之，在他看來，政治可以是得到救贖的工具，也有可能是邁向毀滅的途徑。

✛ 被意識型態利用的宗教

話說回來，上述所說的「工具」隱含著「工具化」的意思。而政治與宗教的確很常透過各種方式互相利用。

而當政治找到了某種決定性的目的時，政治就可能變為可怕的工具，吞噬周遭的一切，並將其為己所用。比方說，猶太哲學家羅森茨維格（Franz Rosenzweig）就曾在其著作《救贖之星》（Der Stern der Erlösung，1921 年）如此敘述這個情況：「國家永遠嘗試

著讓自己能永恆存續。」而某些宗教因為帶有所謂的「救贖」精神，就很有可能被政治加以利用。德國政治思想家卡爾‧施密特（Carl Schmitt），就曾對這點提出「我們的精神核心不可能是中立的」[2]。

這樣的案例其實有很多，例如南美的馬克思主義神職人員就利用聖經建立專政政權；法國極右翼思想家莫拉斯（Charles-Marie-Photius Maurras）的各階層追隨者，也將天主教教會當成維持傳統社會秩序的工具，像是二戰中由貝當（Henri Philippe Pétain）組建的維琪法國政府，以及葡萄牙前總理薩拉查（António de Oliveira Salazar）的獨裁政權皆是如此；此外，伊拉克前總統海珊（Saddam Hussein）所屬的阿拉伯復興社會黨，也為了保護世俗體制，而訴諸於在伊斯蘭教中被視為宗教義務的聖戰。

另一方面，也有希望政治與宗教互相合作，想主動行使政治權力的宗教人員。這可能是出於一元主義意識形態，也就是希望國家所有權力與價值觀都聽命於一個中心點（可能是某個統治者或宗教），反對多元文化與思想。1979 年由伊朗前總統何梅尼（Āyatollāh Rūhollāh Khomeinī）創立的神權政府，就不承認「烏瑪」（Ummah，指不分民族與國家的穆斯林集合體）各自在社會上的自主與自

在伊朗握有政權的聖職人員數量

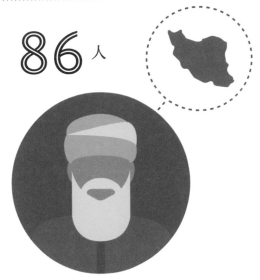

86 人

伊朗政治中樞機構「專家會議」由 86 位議員組成，而這 86 議員全都是什葉派的聖職人員。這個會議的職責在於選出與罷免伊朗伊斯蘭共和國最高領袖（也稱「革命指導者」）。

治權。另一個希望宗教能與政治結合的動機是出於「同業公會主義」，目的是希望透過政治活動，保護宗教團體的存續與權益。

[1] 出自吉恩 - 米格爾，加里格（Jean-Miguel Garrigues）著作《盡可能讓一切完善的政治：基督教與自由主義與民主主義》（La politique du meilleur possible：l'E glise, le liberalism et la démocratie，1994 年）。

[2] 出自卡爾‧施密特《政治性的概念》（Der Begriff des Politischen，1932 年）。

到目前為止，爆發過哪些宗教戰爭？

What Kinds of Religions
Wars Have Occurred ?

當暴力與宗教產生密切結合，「聖戰」、「十字軍」、「替罪羔羊」這類常見用語與概念就由此而生。而事實上，對絕對真理的讚揚，在某種程度上與消滅敵人的戰爭觀是互通甚至互為因果的。

古代後期 1～6世紀

1 羅馬帝國 1～4世紀
對基督教徒的迫害

2 猶太地區 66-73年
猶太人與羅馬帝國之間的戰爭
（猶太-羅馬戰爭）

中世紀初期 7～11世紀

3 阿拉伯 632～661年
伊斯蘭帝國誕生，勢力急速擴張至阿拉伯半島、巴勒斯坦、敘利亞、埃及、利比亞、美索不達米亞、波斯（亞美尼亞的部分區域）

4 馬格里布 647-709年
被伊斯蘭勢力征服

5 西班牙 711-732年
被伊斯蘭勢力征服

6 西班牙 718～1492年
天主教勢力擊退伊斯蘭勢力的再征服運動（Reconquista）

7 敘利亞、巴勒斯坦（聖地）
1096～1099年
為了呼應教宗奪回基督教聖地（耶路撒冷）的請求，而發起的第一次十字軍東征。

中世紀後期 12～13世紀

8 聖地
1147～1149年　第二次十字軍東征
1189～1192年　第三次十字軍東征

9 君士坦丁堡 1202～1204年
第四次十字軍東征

10 聖地
1217～1221年　第五次十字軍東征
1228～1229年　第六次十字軍東征
1271～1272年　第九次十字軍東征

11 法蘭西 13世紀
異端審問

12 埃及與巴勒斯坦
1248～1254年　第七次十字軍東征

13 突尼斯 1270年
第八次十字軍東征

文藝復興～近代 14～18世紀

14 巴爾幹半島 14～19年
伊斯蘭教的鄂圖曼帝國發動征服與佔領

15 波希米亞 1420～1434年
被視為異端的胡斯派與天主教十字軍之間的戰爭

16 維也納（神聖羅馬帝國）
1529、1683年
被伊斯蘭教的鄂圖曼帝國包圍

17 蘇格蘭 1534～18世紀
《最高權威法令》確立了英國國王在教會的最高地位，也從此與羅馬天主教會分離，引發了天主教和新教的宗教紛爭

18 法蘭西 1562～1598年
天主教與新教之間的宗教戰爭

19 日本 1587～1614年
天主教傳道士與改宗者被屠殺與流放

20 歐洲（神聖羅馬帝國）
1618～1648年
因天主教與新教君主對立而爆發的三十年戰爭

21 波士頓 1620～18世紀
被英國國教迫害而逃亡的清教徒於波士頓落腳並發展。但最終新教徒自己也露出其不寬容的一面

22 愛爾蘭 1641～1653年
天主教愛爾蘭人與新教英格蘭人之間的十一年戰爭

23 法國 1702～1710年
米撒爾戰爭：塞文山區的新教徒要求信奉天主教的法國國王重新頒布南特詔書（曾於1958年發布，後於1685年廢除）而發動的叛亂

近代 18世紀末～19世紀

24 **法國 1791～1800年**
保王黨起義與旺代戰爭（1793～
1796年）：因革命政權鎮壓宗教而
爆發的天主教徒叛亂

25 **愛爾蘭 1798年**
天主教徒對英國的叛亂

26 **希臘 1821～1829年**
希臘正教對鄂圖曼帝國發動的獨
立戰爭

27 **中國南部 1851～1864年**
太平天國之亂，由結合傳統儒家
文化與基督教的綜合教團所發動
的起義

28 **印度 1857年**
印度民族起義：信奉錫克教與印
度教的印度傭兵，對於褻瀆宗教
神聖的英軍發動的起義

29 **中國 1862～1877年**
陝甘回亂：中國的伊斯蘭教徒
（東干族）發動的民族起義

30 **蘇丹 1881～1899年**
馬赫迪戰爭：馬赫迪派伊斯蘭教
徒對英國、埃及的殖民政權發動
的叛亂

20～21世紀

31 **土耳其 1915～1923年**
亞美尼亞人（基督徒）被虐殺，希臘
裔基督徒被流放

32 **愛爾蘭 1916～1922年**
天主教與新教對立的獨立戰爭

33 **墨西哥 1926～1929年**
基督戰爭：天主教的農民對反天
主教政權的起義

34 **歐洲 1942～1945年**
猶太大屠殺（Shoah）

35 **西藏 1950年～**
中國解放軍佔領西藏。1959年，
佛教精神領袖達賴喇嘛逃亡

36 **蘇丹 1955～2005年**
北部的伊斯蘭教徒與南部的基督
教徒、泛靈論信徒之間的內戰

37 **奈及利亞 1960年～**
伊斯蘭教徒與基督教徒之間的民
族性、宗教性的緊繃關係

38 **愛爾蘭 1969～1998年**
被新教徒歧視的天主教徒暴動

39 **菲律賓 1969年～**
伊斯蘭教徒的勢力抬頭

40 **黎巴嫩 1975～19908年**
偏激派與民兵對戰的政教（基督教徒、
伊斯蘭教德魯茲派）內戰

41 **東帝汶 1975～1999年**
脫離葡萄牙（天主教）殖民後，因被
印尼（伊斯蘭教）入侵佔領而發起的
獨立戰爭

42 **敘利亞 1976～1982年**
穆斯林兄弟會發動的伊斯蘭教徒暴動

43 **斯里蘭卡 1983～2009年**
佛教政權與印度教坦米爾人的內戰

44 **阿爾及利亞 1991～200年**
內戰中政府與伊斯蘭教團體相對抗

45 **波士尼亞與赫塞哥維納 1992～1995年**
信奉正教的塞爾維亞人、信奉天主教
的克羅埃西亞人、信奉伊斯蘭教的波
士尼亞人對立而爆發的內戰

46 **中國 2011年～**
對維吾爾族，尤其是伊斯蘭教徒的
公然迫害

47 **沙黑爾地帶、中東 2013年～**
伊斯蘭國（IS）對伊斯蘭教徒、基督
教徒、亞茲迪教徒、猶太教徒發動
的戰爭

宗教是科學的敵人嗎？

宗教有時會被抨擊為妨礙科學發展的障礙。當然，確實有部分宗教的信徒或社群試圖抵制進步的潮流，以符合他們所認可的神的意志，和理想的人類秩序。不過，有許多在科學發展過程中居功厥偉的偉人，其實都是來自不同的宗教領域。

進步
PROGRESS

伽利略
GALILEO

Are Religions
Enemies of cience ?

妨礙
BARRIERS

歷史上，科學實證主義有時的確會面臨宗教（或更確切地說，某些神職人員）的盲目抵制，最悲慘的例子莫過於下列這個：1632 到 1633 年間羅馬宗教裁判所（天主教異端審問機構）對義大利學者伽利略的審判。根據該裁判所強迫伽利略所寫的異端放棄宣告所示，伽利略的罪狀是繼哥白尼之後，竟敢主張「太陽是世界的中心，地球繞著太陽轉」。

時至今日，有些猶太教派 [*1] 與新教團體（根據美國南方浸信會的調查，約有八成的美國牧師認為如此），仍主張是神創造世界，其中猶太教領袖施內爾松還加了如此補充「而且確確實實只用了六天，不是某些人主張的六個階段。」[*2]，正如我們在《聖經》（創世記第 1 章）或《古蘭經》（25:29）所讀到的那樣。

這些人也否定科學界普遍認同的達爾文進化論（即生物的構造會隨著時間而進化），並認為「人類是猿猴的後代」的推論，與他們身而為人的尊嚴互斥，但其實上述這句話並非達爾

2次

查爾斯・達爾文的知名著作《物種起源》約有二十二萬四千字，而上述的數字是「神」一詞出現的次數，而且是出現在引用文獻的敘述之中。這本於 1859 年出版的著作是進化論的原點，但也在其後數十年來，被無數個宗教團體抵制。

文的原意，而是被過度簡化同時也缺少科學性的誤傳（編註：比較正確一點的表述應該是「人類和現存的猿猴可能有共同的祖先」）。此外，經過各種調查之後發現，也有超過一半以上的伊斯蘭教徒否定進化論。

✥ 來自宗教界的天才科學家

由此可知，有一定數量的信徒不相信科學，而且宗教也對某些科學家抱持懷疑態度，但上述這兩件事並不能混為一談。宗教界反對「宇宙的運作全然依物質機械原則而行」的論點，並將其視為偽科學，是再理所當然不過的事，而這不能與基要派 *3 排斥一切科學的不理性行為相提並論。事實

上，與那些拒絕相信形而上世界可能性的學者相比，宗教反而始終抱持著更開放的態度，捍衛著「存在著超越現實與物質層面事物」的可能。

而且，如果我們更仔細觀察，會發現宗教並非科學的絕對敵人（儘管時常被如此描述），它們有時甚至為科學打開了重要創新與進步的大門，並為人類帶來了眾多天才。例如在人文科學領域之中，有沙特爾主教小約翰內斯（John of Salisbury，1115 年～ 1180）、伊斯蘭哲學家阿威羅伊（Averroès，1126 ～ 1198）、文藝復興時期的皮科德拉米蘭多拉（Giovanni Pico dei conti della Mirandola，1463 ～ 1494）、猶太哲學家伊曼紐爾列維納斯（Emmanuel Levinas，1906 ～ 1995）。

宗座科學院會員得到諾貝爾獎的次數

75次

宗座科學院（Pontifical Academy of Sciences）的研究成果主要用於為教會啟蒙重大科學問題，其中眾多會員都曾獲頒過諾貝爾獎，以彰顯他們在各領域的重大成就。

有一定數量的信徒不相信科學，而宗教界也對某些科學家抱持懷疑態度。

而在精密科學領域之中，則有比德（Bède le Vénérable，傳道士、教會博士、數學家。672 或 673 ～ 735）、花拉子密（al-Khwa- rizmi，伊斯蘭科學家、代數數學之父、八世紀末到九世紀初）、伊本西那（Avicenna，伊斯蘭王朝的宰相、醫師。980 ～ 1037）、弗拉毛羅（Fra Mauro，天主教修士、地圖學家，約 1385 ～ 1460）、皮耶伽桑狄（Pierre Gassendi，神父、數學家，1592 ～ 1665）、布萊茲帕斯卡（Blaise Pascal，天主教冉森教派神學家、數學家，1623 ～ 1662）、卡爾，馮，林奈（Carl Linnaeus，路德派學者，植物學家。1707 ～ 1778）、亞歷山德羅伏特（Alessandro Volta，虔誠天主教信徒、電流學先驅。1745 ～ 1827）、亨利布勒伊（Abbe Breuil，神父、考古學家。1877 ～ 1961）、喬治勒梅特（Georges Lemaître，神父、物理學家，宇宙大爆炸起源論之父。1894 ～ 1966）。

✢ 佐證宗教教義的科學原理

事實上，會有這麼多來自宗教界的科學家並非偶然，因為嚴格來說，宗教理論與科學原理之間並不是絕對的矛盾，雙方各有自己的領域，一個解釋了現實，另一個則以拯救人類心靈為己任。

此外，天主教教會在梵蒂岡第二次

大公會議（1962～1965 年）時，也承認「這個世界的現實自有規律」（現代世界牧職憲章 36）。另一方面，科學有時候甚至能成為宗教理論的佐證或是出發點。比方說，如果世界真的只是一個巨大的「機械」，一切只不過按照物理定律運作，那麼誰是那個偉大的「設計者」或「工程師」呢？當我們開始思考這個問題，並嘗試做出解釋時，不正與宗教之所以會產生的動機十分相似嗎？

另一方面，如果將想像力更加擴張一點，佛教的「無常」（無法預測、不停變化），在某種程度上似乎也能用來解釋量子力學中的波粒二象性；腸道微生物群會隨著身體狀態隨時改變各自的定位與身分，在這一點上，也與佛教的「非我」有異曲同工之妙。最後，就目前所知，原子核的體積只有原子的十億分之一，這代表原子的內在構造還有大片尚無法定義、也無固定形態的「空白」，這與帶有無限可能、無可定義本質的「空性」，有著遙遠的呼應。

註 1：盧巴維奇教派「最後的拉比」施內爾松（Menachem Mendel Schneerson）的追隨者。
註 2：根據施內爾松於 1902～1994 的書信。

註 3：基要派也稱「基督教原教旨主義」，反對一切與聖經記載相違背的科學現實與考古發現。

宇宙終極點擁有的特性數量

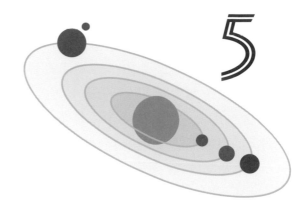

天主教耶穌會神父德日進（Pierre Teilhard de Chardin）被認為是二十世紀首屈一指的科學家之一。他的學說核心概念是「終極點」（Omega Point，或稱「奧米加點」），也就是宇宙進化的終點（萬事萬物與神融合為一個完美的共同體）。

這個「宇宙至高點」有五種特性

❶ 已經存在。
❷ 是個體性的，而非僅是意念上的。
❸ 自主的。
❹ 不可逆的。
❺ 超越的。

嚴格來說，宗教理論與科學原理之間並不是絕對的矛盾。

宗教如何看待金錢？

　　在漫長的歷史之中，神與宗教都與金錢密不可分，所以要說兩者為敵對關係並不恰當。古羅馬的命運女神名為福爾圖娜（Fortūna），這個名字後來演變成兩個意思，分別是「命運」與「財富」之意，也許我們可以用幽默的角度這樣聯想：正是因為命運女神的眷顧，才會帶來財富。

　　此外，在古希臘與印度文明中，神殿都是保管信徒所慷慨奉獻的財寶之處，也是當時最有力的融資銀行。最具代表性的範例就是希臘提洛島的阿波羅神殿，以及在印度因供奉毗濕奴神而聞名的帕德瑪納巴史瓦米神廟 (Sri Padmanabhaswamy)。後者在 2011 年可是發現了相當於 150 億美元的黃金與寶石。

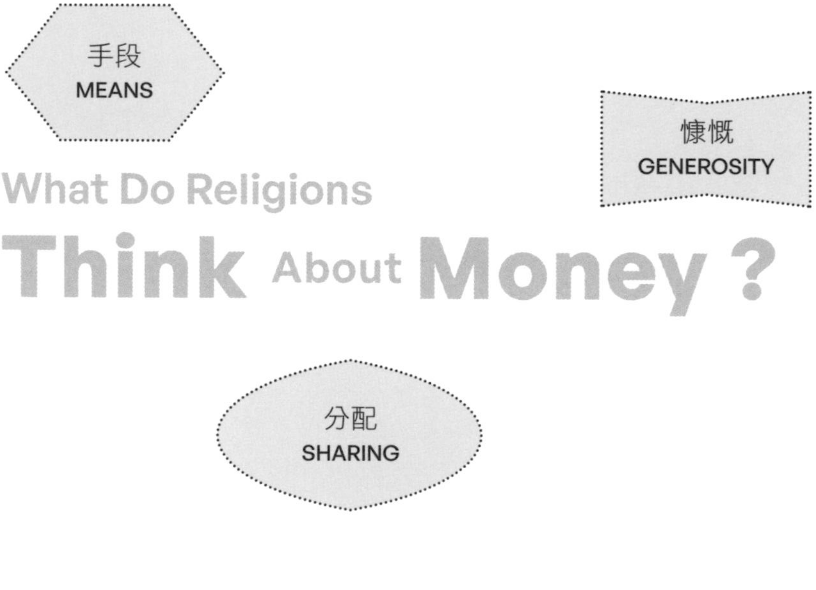

手段
MEANS

慷慨
GENEROSITY

What Do Religions
Think About Money ?

分配
SHARING

提倡物質富足的宗教信眾

 **萬人**

「上帝神國普世教會」（UCKG）是以巴西為主要根據地的五旬節派教會，而上述的數字是該教在全世界的信徒人數。這個教會以宣揚「繁榮的福音」聞名，認為虔誠的信仰與物質生活的富足之間有著正相關。

埃迪爾馬塞多
教會領袖

宗教
於 96 個國家設立了 6,500 個據點。

政治
由 UCKG 幹部於 2005 年組成的巴西共和黨，在國會中佔有不少席位。

媒體
擁有「Rede Record」（巴西第二大電視網）、《Folha Universal》報（日報，擁有 250 萬讀者），還有《Plenitude》和《Mão Amiga》雜誌。

會員
超過 600 萬人。同時有數千萬人曾參與過 UCKG 的活動。

金融
「Banco Renner」銀行，擁有 11 萬客戶。

文化
「Line Records」音樂製作公司。

金錢與人類一直有著密不可分的關係，在現實社會也佔據著極其重要的地位，所以宗教雖然不會視金錢如仇敵，但也無法以完全中立的角度看待財富。德國社會學家齊美爾（Georg Simmel，1858～1918）認為「金錢是一種『絕對』的手段」（無所不在，也難以替代），但這種絕對性卻通常是宗教的專屬特性。這也在在讓宗教（尤其是一神教）對於金錢抱持著謹慎且質疑的態度。儘管在聖經傳統中，金錢被視為一種祝福，但猶太教和基督教仍視金錢是它們的主要競爭對手，並擔心其對信徒的影響，已從獲得幸福的「手段」，逐漸演變為人生的「目的」。

一神教對於金錢抱持著質疑的態度。

日本某宗教的大筆資產

5,000 億日圓

這是日本佛教團體之一創價學會的大概資產總額。創價學會是為了推廣佛僧日蓮的精神,而於 1930 年創立的團體,在日本經濟各領域擁有深遠的影響力。

不肯分享金錢,尤其是不願將金錢分享給那些上帝優先邀請到宴席上的人(貧者與弱勢群體),代表比起信仰,金錢在信徒心中占據了更高的地位。

✤ 基督教對於金錢的不同立場

耶穌基督曾非常厭惡在耶路撒冷聖殿附近做生意的行為,祂甚至對此做出了明確表態「一個人不能事奉兩個主……你們不能又事奉神,又事奉瑪門(瑪門為財利之意)」(馬太福音 6:24)。這裡也延續了律法書《摩西五經》的教導,一開始以色列人是被神管理的民族,是「神的子民」,也是「神的新娘」,但他們的生活卻充滿著金錢的誘惑,有時甚至會為了金錢行不義之事。比方說,在摩西親手從至高神手中接下律法,與至高神訂下永遠的契約之際,以色列人卻向金牛犢獻祭,委身於惡魔的統治。(《出埃及記》32:1-14)。

然而,並不是所有基督徒對金錢都與耶穌抱持著一樣的態度,在《基督新教倫理與資本主義精神》(Die protestantische Ethik und der 'Geist' des Kapitalismus,1905)一書中,德國社會學者馬克斯·韋伯曾提出了一個具爭議的主張。表示十六到十七世紀時,有部分英國的清教徒(改革派新教徒)信奉「喀爾文主義預定論」,認為每個人的命運早已由神選擇並決定好了,因此將自己的財富視為神的賜予,更是被神選擇的證明,同時也進一步激勵他們在商業上取得更多的收益。

✣ 金錢必須分享

在亞伯拉罕宗教體系的世界之中，金錢阻礙信仰的原因還有很多，其中之一就是分配金錢的方式，尤其是不願將金錢分享給那些上帝優先邀請到宴席上的人（路加福音 14:12-14），也就是貧者與弱勢群體，因為這代表比起信仰，金錢在這些信徒心中占據了更高的地位。

先知阿摩司（Āmôs）與修士聖伯爾納鐸（St. Bernard de Clairvaux）都曾經對那些過於好財的教友加以嚴厲責備，認為他們的貪婪是對貧困者的污辱，金錢也於此時變成了「窮人的血」（Léon Bloy，1909）。

事實上，信徒之所以對財富的減少感到恐懼，是因為金錢在他們心裡被錯誤地賦予了過於神聖且崇高的地位，而這種地位應該只屬於上帝。

伊斯蘭教也有類似觀點，認為人類只是物質財富的「使用者」，而非擁有者，而只有真主才是唯一且無與倫比的，這也是其認主學（tawhid）的核心概念。

而對吠陀教和亞洲地區宗教來說，他們對於金錢的看法大致相同：金錢只是一種手段，是可分享的東西（尤其是與神分享），只要人類不會因為金錢而忘記自己只是轉瞬即逝的存在，以及萬物無常的信念（遵行四聖諦），

3,500
萬里弗爾

這是馬薩林主教在路易十四治世初期擁有的資產估算總額（里弗爾為法國革命之前的貨幣單位）。他可說是 17 世紀蘭西王國最有錢的人。他絕大部分的收入來自其治下的二十一處修道院。這個金額相當於現在的五億歐元。

就可將金錢視為一種祝福。而讓金錢於社會中流通，並在流通過程獲得財富，也是高貴的行為（編註：例如過年或婚禮時的紅包、祭祀供奉時的紙錢等），同時也可促進所屬社群（包括天地）的和睦與協調。

宗教需要錢嗎？

Do Religions
Need Money ?

正如世間所有組織一樣（特別是在國際上具有重大影響力的機構），宗教組織也需要一些世俗的手段，也就是財政上的支持才能運轉。為此，宗教會累積資產，主要分成下三種。第一種是不動產、藝術品這類難以確實估價的物品，第二種是用於支付人事費用的流動資金，最後則是存款或是投資這類形式的財產。不過宗教團體的「資產」有時會與「財富」混為一談，而成為被抨擊的標靶。

1,000 歐元

這是在總主教牧養的里昂總教區任職的主教的平均薪資（2012 年）。雖然住宿免費，但主教要自行支付餐費、暖氣費、自來水費、電費、電話費、交通費、住民稅、有線電視費、保險費與共同基金。

3億3,000 萬美元

一如前述，由於資產的定義容易被混淆，加上教會資產總帶有一定程度的不透明度，因此很難掌握實際的金額，但羅馬教廷的資產雖然與整體天主教的資產是分開的，卻也遠遠不及全球前一千名富豪的財產總額。

720 億美元

這是在 2000 年初期，於麥加實施的巨大都市改造計畫之中，最後五項計畫工程的推估成本。其中包含對遷離者的補償、禁寺（麥加阿爾馬瓦大門禁寺）的擴張工程、兩條地下鐵、一條高速鐵路與機場的一個新航廈等等。當時三分之二的舊市區已被拆除。

24 億美元

這是覆蓋在緬甸仰光大金塔（Shwedagon Pagoda）表面的 60 噸黃金的總價值。此外，塔上還嵌有 8000 顆鑽石，其中最大一顆居然高達 76 克拉，另外還有 2000 顆紅寶石以及其餘數不盡的寶石，總價值實在難以估算。

13 萬公頃

這是在希臘唯一的東正教會聖主教會的佔地面積。不包含寺院、與其他獨立設施，而且這個教會也在稅務方面得到相當的優惠。

2,500 萬美元

這是被暱稱為「福音派教宗」的牧師葛理翰的資產推估總額（2014 年）。葛理翰還擁有多間影音製作公司。

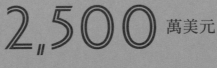

為什麼宗教視「性」為禁忌？

「性」是人類不可或缺的生命活動，宗教當然會對此特別重視，可是性同時也是非常複雜的問題，不同的時代或地方，對於性都有不同的看法，而且各種信仰看待「性」的方式也不一樣，接下來我們就從多個角度來探討性與宗教之間的相關性。

快樂
PLEASURE

生育
REPRODUCTION

Why Do Religions
See Sex as
a Taboo ?

肉體
FLESH

宗教在思考「性」這個問題的時候，通常主要從「生育」這個功能面切入。猶太教、天主教、伊斯蘭教都認為繁衍是很美好的，也非常重要，所以禁止信眾沉溺在婚姻關係之外的性愉悅之中，而在這個前提之下，肛交、自慰這類行為自然被嚴格禁止，天主教更是禁止任何以人工產品輔助的避孕方式。

換句話說，一切「僅有愉悅而與生育無關」的性行為都被禁止，夫妻在敦倫之時，也不能進行任何「阻礙生命誕生」的行為。

✜ 被歸類為形而上問題的性

本書為了誠實探討這個問題，必須先釐清下列這件事。亞伯拉罕宗教體

印度愛經所介紹的體位數量

60種

被譽為「印度最古老的性愛寶典」的《愛經》，是於西元六至七世紀，由筏蹉衍那（Vatsyayana）所著的身心靈全方位教科書。性愛的部分只佔全七卷之中的一卷。

系之所以對性行為如此嚴格，並非純粹基於佛洛依德在其著作《強迫行為與宗教禮儀》（zwangshandlungen und religionsübungen，1907 年）中所論述的「過分壓抑的禁欲主義」，而是因為「性」對宗教來說有著更形而上的影響。

亞伯拉罕宗教體系以信仰唯一神為基本教義，同時與其相應的是極度反對偶像崇拜，這是害怕靈魂被降級為野獸般的存在，進而失去神性與道德，在上述背景下，這些宗教因此逐步制

定了諸多規則與細節規範，性行為也因此受到限制。

事實上，性的愉悅帶來了一種超越性的「存在」（猶太教的律法《妥拉》中，就用「認識」這個動詞來代稱性行為），而且比起我們透過其他感官

宗教在思考「性」這個問題的時候，通常主要從「生育」這個功能面切入。

 個國家

若是在茅利塔尼亞、蘇丹、奈及利亞北部各省、伊朗、卡達、葉門、阿富汗、沙烏地阿拉伯、汶萊這九個國家被舉報為同性戀，就有可能會被依法處死。而在這些國家裡，《古蘭經》都是其法律的基礎。

活動（如運動或飲食）所獲得的滿足，這種超越一切的感受來得更強烈且持久，而且還是來自肉體而非精神上的，如此的「超越性存在」當然是宗教無法忽視的，畢竟，它逃脫了通常的規律：人類所感受到的超越性應該來自精神上的昇華，應該來自永恆和神聖的存在，而前述的「存在」則完全與這種基本思想相悖。也因此，宗教必須像看顧火上加熱的牛奶一樣，加以密切管理，如果沒有人隨時保持鍋蓋的安定狀態，誰知道會發生什麼事呢？

基於同樣的理由，天主教（與部分的東正教會）的聖職人員，例如神父、修士、修女，都保持著單身，獻身給神，也同時代表著將自己的「性」獻給神。順帶一提，視偶像崇拜如蛇蠍的亞伯拉罕宗教體系，也認為將伴侶

當作物品是一種變相的偶像崇拜，但直至今日，仍有許多女性依然被物化，且非自願地被視為性的對象。

✥ 肉體的神學

上文所提到的「火」，象徵著對性的渴求，而印度教與佛教也建議信徒要壓抑這把火，因為慾望與衝動會影響輪迴，甚至讓人投胎成下等生物。

有趣的是，這兩個宗教同時也賦予性神聖性的一面（例如怛特羅密教、印度的《愛經》、與濕婆神有關的男根崇拜等等），並藉此幫助世人超越男性與女性的對立。

而這些宗教的信徒也從不忌諱將「神」與「快樂」相提並論，因為性是神賜予的機會，讓人們得以稱頌生命，性行為不僅能帶來生命，更是活力與喜悅的泉源。

伊斯蘭教先知穆罕默德實踐一夫多妻制，也並不蔑視性帶來的愉悅。另一方面，基督教則在過了非常多年之後，才總算認可快樂也可以是性的目的，而非只為了生育。根據「身體神學」（出自部分改革派的命名）創始者教宗若望保祿二世的說法，真正的困難反而在於「如何感受性的愉悅，同時不將對方當成洩慾對象」這點。

先知穆罕默德的妻子

穆罕默德總共有 13 位妻子，其中包含一名猶太人與一名基督教徒。據說穆罕默德於西元 632 年去世之際，留下 9 名遺孀。

這些宗教的信徒也從不忌諱將「神」與「快樂」相提並論，因為性是神賜予的機會，讓人們得以稱頌生命。

無神論到底是什麼？

　　若是放眼全世界，無神論者絕對是極少數派。根據皮尤研究中心於 2010 年的統計數據，覺得自己「不相信任何宗教」的人，只佔全球總人口的百分之十六。

　　不過，「不相信任何宗教」的定義非常廣泛且多元，而且它同時包括無神論者與不可知論者（這兩種類型的人與神的關係也截然不同），另外還有那些不認可現實任何宗教的人（第三種類型）。

　　話雖如此，就算信教的人比沒信教的人多出五到六倍，也不能就此斷言少數者就一定是錯誤的，或意味他們不相信任何事物，畢竟，真理並不是由多數人的觀點所投票決定的。

不可知論
AGNOSTICISM

What is it Like to Be an
Atheist ?

虛無主義
NIHILISM

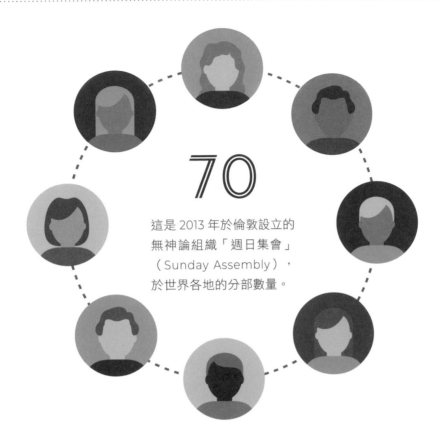

70

這是 2013 年於倫敦設立的
無神論組織「週日集會」
（Sunday Assembly），
於世界各地的分部數量。

　　首先，讓我們從近在眼前的問題開始思考，也就是「從來沒有人見過神」（《約翰福音》1:18）這一點。不管神的名字為何，也不管是哪個宗教的神，都是如此，唯一的例外可能是基督教，在西元 1 至 33 年這段期間，的確有數百人「見過」拿撒勒的耶穌，並且將耶穌視為「真神，真人」。

　　由於沒有人「見過」神，所以神可說首先是透過口語與文字存在的，但既然有「神」這個詞，其所代表的「實體」就必然存在對吧？哪怕這個實體不是「合理的存在」也一樣。

　　因此，「為什麼從來沒有人見過神？」既屬於形而上（神是否存在？）的問題，也屬於存在論的問題（神以何種形態存在？）更是語言學方面的問題（「神」與「神這個詞」之間的關係為何？」）。

無神論者的刑期

3年

2015 年 3 月，埃及學生卡利姆阿爾班奈（Karim al-Banna），因在臉書的個人資料宣稱自己是無神論者，所以被處 3 年徒刑。

也有人認為無神論也是一種信仰。

✥ 無神論的各種立場

話說回來，宣稱自己是無神論的人，不一定都是同一個群體，有些人屬於不可知論（沒有實際的方法可以確認神是否存在），有些人則屬於絕對的無神論（必須斷言神不存在！），意見多有分歧，而在這兩種族群之中，還有虛無的無神論（神不存在、人生充滿荒謬、一切終歸毀滅）、激進的無神論（醒醒吧！神就是不存在）、還有矛盾的無神論之一（神不存在，必須阻止神害人）、矛盾的無神論之二（神不存在，因為神沒有幫助我們遠離罪惡）、方法論的無神論（神不存在，因為人類不需要神也能好好的）、自大妄想的無神論（神不存在，因為我與神相當）、享樂式的無神論（神不存在，所以盡情享樂吧！）……分歧之多，實在數不勝數。

✥ 無神論的反面就是信仰

上述那些無神論者的觀點，無疑會引起許多持反對立場者的大力反彈，對於虔誠熱心的有神論者來說，神所創世界的美好、人類生命的意義與萬事必有因果關係這些現象，都是他們信仰真實存在的證明。

也有些人認為無神論也是一種信仰，在他們看來，無神論者的存在一點都不奇怪，因為人類天生就是宗教

1882 年

這一年，尼采的著作《歡悅的智慧》（die fröhliche wissenschaft）首度面世。儘管該書之中的「上帝已死」一節引起了轟動，但很多人都誤解了內容，也忽略了前後不同的語境，並將這個觀念視為作者的論點，儘管並非如此。

性的動物，一定要遵循著某一種能解釋現存世界體系的論點才會心安。另一方面，有些人則覺得「無神論者」這個詞，是用否定詞「無」取消神的存在，是以神的存在為前提，再加以否定的邏輯。當然，如果從語言學的領域來看，能得出「有代表神的單字，就代表神存在」這個結論，就也能基於相同的理由，得出無神論一樣可能成立的結論。

我不打算為這些永無止盡的爭論畫下休止符，只想在最後提出下面這個意見，那就是那些大聲疾呼「醒醒吧！神就是不存在」的無神論者，之所以如此激進到讓人討厭，是不是有其不得不如此用力的理由呢？也許是想喚醒像被某種迷藥麻痺的盲目大眾？還是說，他們討厭的是「覺得神不存在」的自己？由於那種存在似乎能讓人感到無比的興奮與熱情（法語的「令人興奮的」（enthousiasmante），其語源即是希臘語的「在神之中存在」），但他們卻無此感受而不得不感到懷疑。

說到底，無神論的反面並非有神論，而是信仰，說得更直接一點，或許信仰本身就是神存在的原因與方式吧！

如果從語言學的領域來看，能得出「有代表神的單字，就代表神存在」這個結論，就也能基於相同的理由，得出無神論一樣可能成立的結論。

全世界的宗教未來
會如何發展？

How Will the World's Religions
Change in the Future?

人口統計學
DEMOGRAPHY

信徒
BELIEVERS

社會學
SOCIOLOGY

宗教對我們人類來說，奇妙、深奧，又充滿謎團，而分析宗教與人類關係的「宗教社會學」，因此注定無法成為一門精密的科學。與目前發生現象有關的研究無法確實驗證，更別提對未來的研究。不過話說回來，由身為該領域佼佼者的皮尤研究中心，曾對 2050 年做出各種相關預測，其中提到可從某種人口統計趨勢，描繪出全世界宗教在幾十年之後的面貌。

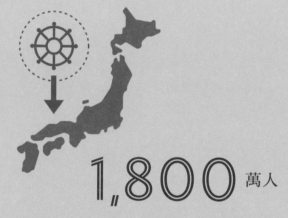

1,800 萬人

在全球總人口不斷減少的情形下，這是日本佛教徒到了 2050 年會減少的人數。日本的總人口在 2010 年到 2014 年這段期間，「僅僅」減少了 1000 萬人，由此推斷，可知佛教徒減少的幅度較小。

200%

在 2010 年到 2050 年這段期間，非洲的基督教徒人數應該會增加兩倍。另一方面，歐洲的基督教徒則會減少一億人左右。

8 個國家

這是到了 2050 年，基督教將不再是人數最多宗教的國家數量，其中包含澳洲、貝南、英國、波士尼亞與赫塞哥維納、馬其頓共和國、紐西蘭、荷蘭、法國。而且法國有可能成為「無宗教信仰」人數最多的國家。

波士尼亞與赫塞哥維納

馬其頓共和國

紐西蘭

荷蘭

英國

貝南

澳洲

法國

10%

這是伊斯蘭教徒於 2050 年在歐洲所佔的總人口比例。這個比例大概是二十世紀末的兩倍。直得一提的是，伊斯蘭文化歷史核心地區之一的安達盧西亞（西班牙），正是位於歐洲，有據於此，這數字著實令人玩味。

23%

這是在 1990 年到 2010 年這段期間，與法國天主教會相關的各主要統計數據的下滑百分比，統計數據包括受洗人數、接受《天主教探題》（Catechism）課程的人、接受堅信禮的人、結婚、神父、終身執事、修士、修女的人數等等。

73%

在 2010 年到 2050 年期間，預估全球人口將增長 35％，而穆斯林人口將增長 73％。到了 2050 年，全球穆斯林人口數量將幾乎與所有基督徒（包括支派）的人口數相當。

129
基督教

51
伊斯蘭教

7
佛教

2
印度教
（印度與尼泊爾）

1
猶太教
（以色列）

在 2050 年，各宗教成為多數派的國家數量

2AB725

宗教超圖解
100張圖秒懂世界信仰文明與神祇知識
100 infographies pour connaître les religions

作　　　者	馬修·格杭佩 Matthieu Grimpret
繪　　　者	瑪芮露·達蒙 Marylou Darmon
譯　　　者	黃瑞華、許桑
內頁設計	江麗姿
封面設計	任宥騰

行銷企畫	辛政遠、楊惠潔
總　編　輯	姚蜀芸
副　社　長	黃錫鉉
總　經　理	吳濱伶

發　行　人	何飛鵬
出　　　版	創意市集
發　　　行	英屬蓋曼群島商家庭傳媒股份有限公司城邦分公司

展售門市	台北市民生東路二段141號7樓
製版印刷	凱林彩印股份有限公司
初版一刷	2023年5月
I S B N	978-986-0769-77-7
定　　　價	480元

香港發行所　城邦（香港）出版集團有限公司
香港灣仔駱克道193號東超商業中心1樓
電話：（852）25086231
傳真：（852）25789337
E-mail：hkcite@biznetvigator.com

馬新發行所　城邦（馬新）出版集團 Cite（M）Sdn Bhd
41, Jalan Radin Anum, Bandar Baru Sri
Petaling, 57000 Kuala Lumpur, Malaysia.
電話：（603）90563833
傳真：（603）90576622
E-mail：services@cite.my

若書籍外觀有破損、缺頁、裝訂錯誤等不完整現象，想
要換書、退書，或您有大量購書的需求服務，都請與客
服中心聯繫。
客戶服務中心
地址：10483 台北市中山區民生東路二段 141 號 2F
服務電話：（02）2500-7718、（02）2500-7719
服務時間：週一至週五 9：30～18：00
24 小時傳真專線：（02）2500-1990～3
E-mail：service@readingclub.com.tw

本書內容為作者個人意見之論述，不代表本社立場。

國家圖書館出版品預行編目（CIP）資料

宗教超圖解：100張圖秒懂世界信仰文明與神祇知識/
Matthieu Grimpret作；賴姵瑜譯. -- 初版. -- 臺北市：創意市
集出版：英屬蓋曼群島商家庭傳媒股份有限公司城邦分公
司發行, 2023.5
面；公分
譯自：100 infographies pour connaître les religions.
ISBN 978-986-0769-77-7（平裝）

1.CST: 宗教學

210　　　　　　　　　　　　　　　　　111000055